Carsten Kulawik

Rudi Assauer
Macher der Herzen

Wie die Schalke-Legende wirklich war

Zum Titelbild: Rudi Assauer beim ersten Bundesligaspiel des FC Schalke 04 in der neuen Arena AufSchalke am 18. August 2001 gegen Bayer 04 Leverkusen (Endstand: 3:3)

Bibliografische Information der Deutschen Nationalbibliothek
Die Deutsche Nationalbibliothek verzeichnet diese Publikation in der Deutschen Nationalbibliografie; detaillierte bibliografische Daten sind im Internet über http://dnb.dnb.de abrufbar.

Impressum

2. Auflage Juni 2024
Lektorat: Sibylle Brakelmann
Fotos Kapitel Impressionen (wenn nicht anders gekennzeichnet): private Familienalben von Rudi Assauer
Umschlagabbildung vorne: firo sportphoto
Umschlagabbildung Klappe: Sebastian Lüdtke
Umschlaggestaltung: Joachim Bartels
Druck und Bindung: Drukkerij Wilco B.V., Vanadiumweg 9, NL–3812 PX Amersfoort

ISBN 978-3-8375-2634-9
ISBN ePUB 978-3-8375-2657-8

KLARTEXT
Jakob Funke Medien Beteiligungs GmbH & Co. KG
Jakob-Funke-Platz 1, 45127 Essen
info.klartext@funkemedien.de
www.klartext-verlag.de

Inhalt

Für Rudi

»Assauer war ein Boss im besten Sinne.«
Marcel Reif

»Eine echte Ruhrpott-Type. Immer geradeaus.«
Ralf Moeller

»Ich habe nie wieder so einen Manager wie ›Assi‹ erlebt.«
Huub Stevens

»Das war ein eckiger Kerl mit einem großen weichen Herzen.«
Reiner Calmund

»Rudi war ein Mann der Extreme. Extremer Freund, extremer Feind.«
Christoph Daum

PROLOG

Man trägt das vergangene Schöne
nicht wie einen Stachel, sondern
wie ein kostbares Geschenk in sich.
Dietrich Bonhoeffer

Lieber Rudi,
du fehlst. Fünf Jahre bist du nicht mehr bei uns. Ich stelle mir gerade vor, wie du im königsblauen Himmel an deiner „Davidoff Grand Cru No. 3" ziehst und zufrieden den Rauchkringeln hinterherschaust. Wie du es immer getan hast. Macher, Mensch, Legende, Mister Schalke.

Am 30. April 2024 wärest du 80 Jahre alt geworden. „Mann, bin ich ein alter Knacker", wäre vielleicht von dir zu hören gewesen. Zu deinen Ehren hätte es sicher eine große Party gegeben. Wärest du fit gewesen, hättest du dir als Erster das Mikrofon geschnappt und deine Lieblingslieder zum Besten gegeben.

„Königsblauer S04"

„Glück auf, der Steiger kommt"

„O, du schöner blauer Vogel"

„Denn da erschuf der liebe Gott die Mädchen aus dem Kohlenpott"

Stimmgewaltig, energisch, verschmitzt. Das wäre noch sicherer gewesen als das Amen in der Kirche. Aber leider kam es anders. Deine beiden Verdienste bleiben: Schalke. Und die Enttabuisierung von Alzheimer.

Du warst Schalke-Ikone, eine Zeit lang jüngster Manager der Liga, UEFA-Cup-Gewinner, Bauherr einer Fußballarena, DFB-Pokal-Sieger, Werbegesicht, Zigarrenliebhaber. Keiner konnte dir etwas vormachen. Wenn du von einer Idee überzeugt warst, hast du sie unbeirrt durchgezogen, bis zum bitteren Ende. Du hast um Vertrauen gebeten, irgendwann würden es auch die anderen verstehen. Kein Weg war für deinen FC Schalke 04 zu weit. Wirklich keiner. Du hast dich nie mit der zweitbesten Lösung zufriedengegeben, hattest immer einen flotten Spruch auf den Lippen, auch im Erwachsenenalter die kindliche Freude. Einmal, als du mit Wasser gefüllte Luftballons vom Balkon geworfen und Bekannte getroffen hast, amüsiertest du dich hinter der Balustrade. Schalker im Herzen, Schalk im Nacken.

Dieses Buch soll deinen außergewöhnlichen Lebensweg zeichnen. Vom Hertener Katzenbusch in den Fußballhimmel und schlussendlich in die Herzen der Schalker. Im zweiten Anlauf. Ein Leben auf der Überholspur. Nichts hast du ausgelassen, nichts hat dich abgehalten, unkonventionelle Entscheidungen zu treffen. Wenn dein Bauchgefühl stimmte, war alles andere zweitrangig. Und das sollte dich nicht täuschen. Manchmal hat ein Augenbrauenhochziehen, ein Blick von dir ausgereicht und alle anderen wussten, was du gerade denkst. Auch ohne große Worte, die dich zweifellos ausgezeichnet haben, hat man dich verstanden.

Dieses Buch soll die Geschichten skizzieren, die dich ausgemacht haben. Es gibt viel zu viele noch ungeschriebene Geschichten, noch unerzählte Anekdoten, schlummernde Perlen in persönlichen Archiven, die nur noch ausgepackt werden müssen.

Für dieses Buch habe ich mit Freunden, Weggefährten, Familienmitgliedern sowie Mitstreitern und auch Kontrahenten gesprochen. Mich hat interessiert: Was habt ihr erlebt? Was war typisch für dich? Was hat dich von anderen Fußballentscheidern unterschieden? Wie sprechen Menschen über dich, um die du dich gekümmert oder mit denen du dich regelmäßig ordentlich gefetzt hast?

Ein Kind von Traurigkeit warst du nun wirklich nicht. Wenn jemand Geselligkeit unendlich geliebt hat, dann warst du das. Freunde, Mitarbeiter, Spieler einladen, Getränke spendieren, großzügig sein. Koste es, was es wolle. Kurze Nächte mit wenig Schlaf. Hauptsache, mit anderen zusammen. Hauptsache, mit demselben Ziel. Das hat dir Freude bereitet. Irgendwann ging es nicht mehr. Es fühlte sich an wie eine Stopptaste, die dich abrupt und doch irgendwie langsam aus dem gewohnten Leben reißt.

Monate, nachdem du ausgezogen warst, stand ich einmal in deiner leer geräumten Villa im Arbeitszimmer vor deinem riesigen Bücherregal. Nur noch wenige Unterlagen, ein paar lose Bücher, etwas Schreibkram. Kaum noch etwas erinnerte an dich. Dann fiel mir ein Kreuzworträtselbuch in die Hände. Ich blätterte es durch. Auf den ersten Seiten erkannte ich deine Schrift. Die Rätsel waren allesamt komplett ausgefüllt, fehlerfrei. Mit jeder weiteren Seite nahm die Antwortdichte ab, Wortfetzen, einzelne Buchstaben. Sie wurden weniger. So wie deine Erinnerungen. Du hattest tatsächlich mit aller Kraft gegen die Krankheit angekämpft, wolltest sie austricksen, ausdribbeln. Du sagtest: „Ich werde der Erste sein, der die Krankheit besiegt."

Vergebens. Wenige Tage, nachdem deine Erkrankung öffentlich geworden war, habe ich angefangen, als Tourguide in deiner Arena zu arbeiten, um mir das Studium zu finanzieren. Woche für Woche habe ich Hunderte Menschen durch den Fußballtempel geführt, ihnen den berühmten Blick hinter die Kulissen ermöglicht und vor einem bestimmten Bild im Haupteingang immer wieder aufs Neue haltgemacht, um den Zuhörenden zu erklären: „Ohne diesen Mann wären wir heute nicht hier." Es war ein Bild von dir. Ohne dich hätte sich der Verein anders entwickelt, hätte 1993 womöglich nicht die Lizenz bekommen, keine großen Erfolge gefeiert und hätte sich auf der Fußballlandkarte im Niemandsland wiedergefunden. Du warst Schalke. Schalke war Stumpen-Rudi.

Lieber Rudi, ich erinnere mich an so viele besondere Momente. Wie wir in der von dir geliebten Gaststätte „Charly's Schalker" Erbsensuppe gegessen haben. Wie wir unsere Geburtstage zusammen gefeiert haben. Wie wir den 34. Spieltag der Saison 2006/07 zusammen verbracht haben und mit dem Sieg gegen Arminia Bielefeld fast Deutscher Meister wurden. Der Fußballgott mal wieder. Wie wir zusammen eine Radiosendung aufgenommen haben. Wie ich dir, obwohl ich das gar nicht entscheiden durfte, erlaubt habe, im Studio zu rauchen. Wie du mich zum Fußball mitgenommen hast und ich neben dir sitzen durfte. Wie du mir für eine Facharbeit in Geschichte deine Schalke-Chronik geschenkt hast. Wie wir unzählige Male telefoniert haben. Wie wir alte Fotoalben durchgeguckt haben. Wie du mir Ratschläge gegeben hast. Wie du mir von der Planung, dem Bau und deinem ganzen Stolz, deiner Arena, berichtet hast. Wie wir bei längeren Autofahrten mal lustig, mal fröhlich und mal nachdenklich waren. Wie du mich vom Beifahrersitz aus vor Blitzern gewarnt hast. Wie ich dich 2018 bei der Filmpremiere in deiner Arena am Mikrofon begrüßen durfte. Es war dein letzter Besuch in deinem Wohnzimmer.

Du hast mir klargemacht: Legenden sterben nie. Wenige Wochen vor deinem Tod haben wir uns noch gesehen. Und bis heute denke ich mir: Du fehlst. Mach's gut, mein Lieber. Dieses Buch ist für dich.

Danke für alles, Rudi.

IMMER GERADEAUS

„Wenn der Schnee geschmolzen ist, siehst du, wo die Kacke liegt!“

„Das soll die Nationalmannschaft sein? Das ist genauso, wie wir früher gekickt haben: eine Auswahl Bahnhofstraße gegen Buerer Straße.“

Rudi Assauer konnte austeilen, war temperamentvoll, selbstbewusst. Sternzeichen Stier. Die Schalker Abteilung Attacke, Diplomatie ein Fremdwort: „Mein lieber Jörg Wontorra. Ich weiß nicht, ob Sie heute Morgen schon in den Spiegel geguckt haben. Erstens sind Sie 20 Jahre jünger als ich und sehen 40 Jahre älter aus. In der Tat werde ich es noch erleben, dass Schalke 04 in den nächsten Jahren Deutscher Meister wird. Die Frage sei erlaubt, ob Sie dann noch auf diesem Stuhl hier sitzen.“

Der Frontalangriff in der Live-Sendung „Doppelpass“ saß. Doch wer war Rudi Assauer wirklich? Wie tickte der unnachgiebige Macho? Um das zu verstehen, muss man in seine Kindheit eintauchen. Assauer war Ruhrgebietsjunge, in allen Facetten. Kaum jemand hat den ehrlich-echten und ungeschminkten „Kohlenpott“ so geliebt, verkörpert und verteidigt wie er. Auch wenn er am 30. April 1944 in Sulzbach-Altenwald zur Welt gekommen ist und zumindest im flächenmäßig kleinsten deutschen Bundesland die ersten Tage seines Lebens verbracht hat, hat er dem Ruhrgebiet bis zuletzt – mit einer Episode in Norddeutschland – die Treue gehalten. Schon nach kurzer Zeit war Herten, gemessen an der Fördermenge die größte Bergbaustadt Europas, seine Heimat. „Ich bin ein Kind des Ruhrgebiets und nur zufällig im Saarland rausgerutscht“, bekräftigte er immer wieder. Aufgrund der Bombardements der Alliierten während des Zweiten Weltkriegs fühlte sich seine Mutter Elisabeth, genannt Else, in ihrer ursprünglichen Heimat für die bevorstehende Entbindung von Zwillingen sicherer. Else hat eine Zeitlang im Hotelgewerbe gearbeitet, Gäste bewirtet, umsorgt, gekocht und Büfetts hergerichtet. Sie kümmert sich um den Haushalt und die Erziehung der Kinder. Im Hertener Lito-Kino auf der Ewaldstraße begleitet die begeisterte Musikerin, die als Kind Klavier spielen gelernt hat, regelmäßig Stummfilme. Vater Franz ist gelernter Stellmacher, eine Art Zimmermann, der Räder, Wagen und andere landwirtschaftliche Geräte aus Holz herstellt. Deswegen renoviert er im Alleingang die Dreieinhalbzimmerwohnung mit Bad in der Augustastraße 44, in die die Familie Ende der 1940er-Jahre einzieht. Unterstützt wird er von Tochter Karin, die längliche Tapetenstücke zurechtschneidet. Rudi hat weder das musikalische noch das handwerkliche Talent geerbt, schaut bei den Arbeiten lieber zu. Ein glücklicher Umstand, dass zwei linke Hände beim Fußballspielen egal sind. Die Wohnung in der ersten Etage mit Blick auf den Volkspark Katzenbusch gehört zu einem großen, 1928 erbauten Häuserblock im Stil der Gründerzeit, der sich über zwei Straßen erstreckt und im Besitz der Gemeinnützigen Wohnungsfürsorge Ruhrkohlebezirk GmbH, kurz „WoGe“, ist. Die Liegenschaft, die über Eck geht, beherbergt 23 Wohnungen auf insgesamt 1.500 Quadratmetern. In den ersten Jahren nach Karins und Rudis Geburt teilt sich Familie Assauer im Nachbarhaus, das ebenfalls zum selben Gebäudekomplex zählt, eine Wohnung mit einer anderen Familie. Dort, in der Herner Straße 64, bewohnen die Assauers die Wohnküche und das Schlafzimmer. Die Häuser gibt es bis heute. Sie sind gut erhalten und in Rosa, Beige und Grau gestrichen. In den zahlreichen kleinen, rechteckigen Fenstern hängen weiße in sich gemusterte Küchengardinen. Auf den hellen Fassadenteil auf der Herner Straße wurde ein Zechenförderturm aufgemalt, der seinerzeit das Symbol der „WoGe“ gewesen ist.

Als Vater Franz nach russischer Gefangenschaft als Kriegsversehrter zurückkehrt, ist er körperlich gezeichnet. Er ist Frühinvalide und arbeitsunfähig, hat eine Verletzung am Fuß, Probleme mit dem schmerzenden Ischiasnerv. Mit Gelegenheitsjobs hält er die Familie über Wasser, kurzzeitig auch über Tage auf Zeche Ewald. „Er war ein sehr guter Skatspieler und hat sich damit etwas Taschengeld dazuverdient", sagt Karin. „Oft war er bis spät nachts in der Kneipe." Mutter Else gibt zu Hause den Ton an, nutzt manches Mal den Klopper, der auf dem Küchenschrank deponiert ist. „Sie war echt streng. Unser Vater aber nicht." Als die Familie die pflegebedürftige Oma aufnimmt, verkleinert sich der Wohnraum. „Dann hatten wir kein Wohnzimmer mehr." Die Großmutter ist auf Hilfe angewiesen, zeigt erste Anzeichen einer Demenz, die man zur damaligen Zeit nicht einordnen kann. „Rudi und ich haben dann Streiche gespielt und ihr zum Beispiel einen Wecker gestellt. Das fanden wir lustig." Als sie stirbt, sind die Zwillinge zehn Jahre alt. Bis zwei Jahre später ihr 13 Jahre älterer Bruder Lothar auszieht, um zu heiraten, schläft die Familie in nur drei Betten. Mutter Else teilt sich das Bett mit Karin, Vater Franz mit Rudi, während Lothar ein eigenes besitzt.

Im rauen Ruhrgebiet trägt man bis heute das Herz auf der Zunge, es wird nicht lang gefackelt und erst recht nichts schöngeredet. Wer in Herten oder Gelsenkirchen wohnt, bekommt vom Nachbarn mitunter den Hinweis: „Wenn du Bayern-Fan bist, kannst du direkt wieder ausziehen." Die Schalker Hausregeln. Wenn man jemanden mag, adelt man denjenigen mit: „Der ist in Ordnung." Eindeutiger kann man seinen Lokalkolorit nicht ins Schaufenster stellen. Das lockere Mundwerk eignet sich „Assi", wie er von allen seinen Freunden genannt wird, auf dem Fußballplatz an. „Von Zuhause hatte er das auf keinen Fall. Unsere Eltern haben ihn direkt ermahnt, wenn er derbe Kraftausdrücke benutzt hat", rekapituliert Karin. Franz nennt ihn ausschließlich „Sohnemann". Wenn es ernst wird, spricht Else ihn mit „Rudolf" an, der Name, der zeitlebens kaum gebräuchlich bleiben wird und wenn überhaupt in seinen Ausweisdokumenten auftaucht. Diese Sprache, den Duktus und die Lautstärke wird der kleine Rudi adaptieren und später gekonnt einsetzen. Bei Konkurrenten, aber auch bei eigenen Mitarbeitern und Spielern.

Rudi Assauer möchte bereits als Kind hoch hinaus, sein erster Berufswunsch lautet: Pilot. Er besucht in jungen Jahren gern den Flughafen in Düsseldorf, in dessen Nähe eine Tante wohnt. Allerdings macht ihm seine Flugangst einen Strich durch die Rechnung. Weil sein Onkel Herbert am Ewaldsee im Hertener Süden Förster ist und ihn oft mit zur Jagd nimmt, kann er sich auch ebendiese Tätigkeit vorstellen. Naturverbunden, ruhiger und mit mehr tierischen als menschlichen Kontakten hätte sein Weg weitergehen können. Doch es kommt bekanntlich anders.

Der Schule kann Rudi Assauer als Kind nicht viel abgewinnen. Er sitzt vielmehr die Zeit ab, ehe es nach Hause in das Eckhaus in der Augustastraße geht, der Tornister in die Ecke geworfen und anschließend bis zum Einbruch der Dunkelheit „gepöhlt" wird, wie man im Ruhrgebiet das Fußballspielen liebevoll nennt: „Was für uns damals ganz wichtig war, waren die sogenannten Straßenkämpfe. Es wurde ein Feld ausgeguckt und man hat notdürftig Tore aufgebaut. Dann wurde gespielt. Straße gegen Straße. Jeden Tag gab es mindestens zwei Wettkämpfe. Augustastraße gegen Herner Straße. Hin und zurück. So bin ich groß geworden." Manchmal wird auch im Hof des Mehrfamilienhauses gespielt.

Auf der Herner Straße wohnt damals Johann Albert Geiermann. An Heiligabend 2023 ist „Hansi", wie er von allen genannt wurde, 80 Jahre alt geworden. Am 12. Mai 2024, keine zwei Wochen nach Veröffentlichung der ersten Auflage dieses Buchs, stirbt er überraschend nach kurzer Krankheit.

„Rudi war als Kind anders. Wir waren Rabauken, wir haben Schabernack gemacht. Klingelmännchen zum Beispiel. An Türen schellen und abhauen. Oder wir haben ein Portemonnaie auf den Boden gelegt und mit einem Bindfaden weggezogen, wenn einer kam, der es aufheben wollte. Das hat er nie gemacht." Stattdessen trainiert Rudi fleißig, gar akribisch. „Er hat jeden Tag Fußball gespielt. Er war sehr fixiert darauf." Der junge Hansi darf mitspielen, weil er einen Lederball besitzt. In Zeiten, in denen mit Stoffbällen aus alten Kleidungsstücken gespielt wird, eine Sensation. Bereits in jungen Jahren kristallisieren sich Assauers Managementqualitäten heraus: „Er war immer schon so ein Macher, wollte immer alles bestimmen, auch die Mannschaftsaufstellungen und Anstoßzeiten. Er wollte alles an sich reißen und hat auch bei den Straßenkämpfen schon alles organisiert."

Wir befinden uns in der Nachkriegszeit. Die Menschen haben nicht viel und sind mit wenig zufrieden, Assauer mit noch weniger. Hungern muss er nie. Außerdem reicht ihm der Fußball – was fast immer so bleiben wird. Zu Schulzeiten wird er von Mitschülerinnen „der schöne Rudi" genannt – wegen seiner Lockenpracht.

Nein, einen Finger musste Assauer zu Hause nicht krümmen. „Weil er ein Junge war. Wir haben uns später auch noch kaputtgelacht, weil er nicht mal Kaffee kochen konnte." Die zehn Minuten jüngere Zwillingsschwester Karin, die früher als Sekretärin des Hertener Stadtkämmerers gearbeitet hat, erinnert sich gern an die gemeinsame Kindheit. „Das war eine tolle Zeit. Wir waren viele Kinder in der Gegend, eine richtig schöne Gemeinschaft. Die Schule war direkt gegenüber. Erst beim Gong sind wir über die Straße gelaufen." Sie erleichtert ihrem Bruder maßgeblich die Schulzeit. „Er hat immer bei mir abgeschrieben und war schlauer und cleverer als ich. Ich war vielleicht zu naiv. Aber wenn er mich geärgert hat, habe ich meinen Tornister versteckt", lacht Karin heute. Fußball spielt sie nie, sondern wird Leichtathletin. Ohnehin dürfen Mädchen zu der Zeit nicht Fußball spielen, das ist „verpönt". Ein Umstand, der sich glücklicherweise ändern wird. „Er hatte durch den Fußball seinen eigenen Freundeskreis." Deswegen spielen sie selten miteinander. Bruder Lothar, eine Respektsperson, spielt ebenfalls Fußball bei der Spielvereinigung Herten, dann bei den Sportfreunden Wanne-Eickel und Westfalia Herne. Beobachter sehen in ihm sogar das größere fußballerische Talent. Doch eine schwere Meniskusverletzung beendet schlagartig seine Laufbahn. Sein Wort hat zu Hause Gewicht, die Geschwister schauen zu ihm auf, er schlichtet ihre kleinen Streitigkeiten. Karin und Rudi fragen ihn um Rat, weil ihr Vater oft unterwegs ist. Lothar, der dadurch wie ein zweiter Vater für die Geschwister wird, geht so lange aufs Gymnasium, wie die Familie das damals übliche Schulgeld bezahlen kann. Er besteht die Mittlere Reife, arbeitet auf dem Bau, um von nun an die Familie zu ernähren. Später macht er eine Ausbildung als Stuckateur, geht zur Meisterschule. „Er war sehr intelligent. Wir wurden deswegen oft verglichen."

Während Karin ebenfalls das Gymnasium anpeilen möchte, hat Herten-Süd-Verfechter Rudi nur das runde Leder im Kopf. Außerdem sind die Kinder auf dem Gymnasium in Herten-Nord „zu hochnäsig" und spielen Handball oder Korbball. Mit 14 Jahren verlässt er bereits die Schule und beginnt bei der Hertener Firma Hese eine Lehre als Stahlbauschlosser, während Geiermann Bergmann auf Zeche Ewald lernt. Assauers Gesellenstück ist eine Bremse für eine Lore, einen Transportwagen in Bergwerken oder Steinbrüchen. Es sollte womöglich die letzte bewusste Bremse in seinem Leben sein.

An seinem 16. Geburtstag, beim Tanz in den Mai 1960, lernt er Sonya Gottschalg kennen, seine erste große Liebe. Mit der Parfümerie-Fachverkäuferin ist er fünf Jahre zusammen. Am 3. Juli 1965 kommt Tochter Bettina zur Welt. Weil man damals erst mit 21 Jahren volljährig ist, müssen die Eltern vorzeitig in ihre Heiratsplanungen involviert werden. Doch Vater Franz ist gegen die Hochzeit. Bettina wird unehelich geboren. „Als mein Vater später um die Hand meiner Mutter anhielt, war sie eingeschnappt, dass er sich zuvor nicht gegen seine Eltern durchgesetzt hatte“, sagt Bettina Michel heute. Als Familie leben sie nie zusammen.

Seinen Meister spritzt Assauer sogar einmal nass, hat gute Noten. Seine Eltern drängen den jungen Rudi, auch zur Abendschule zu gehen. Große Freude bereitet ihm das Pauken nicht. Wenn er die Schule schwänzt und der Rektor Dr. Winter nach ihm fragt, deckt seine Schwester ihn, die zu der Zeit zur benachbarten Handelsschule geht. Als er in der Abendschule auf Nachfrage zu hören bekommt, dass von 40 Jungen nur drei auch wirklich durchkämen, kommt er ins Grübeln. Warum sollte ausgerechnet er dazugehören? Als am 3. Mai 1961, einem Mittwoch, im quadratisch-kleinen Schwarz-Weiß-Fernseher das Europapokalfinale zwischen Benfica Lissabon und dem FC Barcelona übertragen wird, in dem sich die Portugiesen mit einem 3:2 die begehrte Trophäe sichern, fasst Assauer den Entschluss, Fußballer werden zu wollen. Es ist schon nachts, als er seinen Schulranzen mit allen Büchern vom Balkon wirft. Er schmeißt nicht nur die Schulsachen auf den Rasen, sondern endgültig hin. Nicht, ohne sich dafür zu Hause rechtfertigen zu müssen. „Was soll das denn?“, ärgert sich Else. Sie tobt.

„Rudolf, die Tonne wieder hoch!“

„Nee, alles verbrennen.“

Es gibt Diskussionen und Kontroversen im Elternhaus. Letztlich segnet die Mutter den Plan ab, weil ihr Sohn wenigstens eine Lehre in der Tasche hat. Auch wenn ihr der Entschluss nicht wirklich zusagt.

Von nun an setzt Rudi komplett auf die Karte Fußball. Und kurz darauf verdient er mit seinem Hobby auch Geld. Um zum Fußballplatz zu kommen, muss er nur die Straßenseite wechseln. Denn das Haus, in dem Familie Assauer wohnt, befindet sich am Hertener Katzenbusch, unweit des Sportplatzes der Spielvereinigung Herten. Dieser Klub bietet ihm mit 18 Jahren seinen ersten Profivertrag an. Monatsverdienst: 50 DM. Das verdiente Geld und die Punktprämien muss er zu Hause auf den Tisch legen, im Gegenzug gibt es Taschengeld. Am Eingangstor der Spielvereinigung wird er mit dem Spruch „Betretet die Kampfbahn und werdet Männer, die zu siegen verstehen" sozialisiert. Richtig entdeckt wird sein fußballerisches Talent als Verteidiger bei der Bundeswehr von Major Rein. Mit der Bundeswehr-Nationalmannschaft wird Assauer bei der Endrunde der internationalen Militärmeisterschaft in der Türkei Dritter, spielt dann unter Dettmar Cramer in der Westfalenauswahl, ehe 1964 ein benachbarter, ungleich größerer Verein auf ihn aufmerksam wird: Borussia Dortmund. Den Transfer fädeln Major Rein und Cramer ein.

Für eine Ablösesumme von 50.000 DM, die Vater Franz aushandelt, wechselt Assauer zu Schwarz-Gelb. Die Originalquittung ist sogar noch Jahrzehnte später fein säuberlich in den Vereinsunterlagen abgeheftet. Die Zeit bei der Spielvereinigung, die in die Regionalliga absteigt, endet, doch aus den Augen verlieren sich die beiden Spielkameraden Rudi und Hansi nicht. „In der Tankstelle bei uns gegenüber habe ich ihn öfter gesehen, eigentlich jede Woche. Wir haben gern mal ein Fläschchen Bier getrunken." Assauer hindert auch ein Kieferbruch, den er in den 1960er-Jahren erleidet, nicht am Heimatbesuch. Ihm wird eine vierwöchige Fußball-Zwangspause erteilt. „Dem haben sie den Kiefer festgenäht, damit er den Mund nicht aufkriegt. Also hat er das Bier mit einem Strohhalm getrunken", schmunzelt Geiermann.

Not macht erfinderisch, selbst wenn man handwerklich nicht begabt ist: „Einmal hat Rudi den Schlüssel in seinem Käfer stecken lassen und die Tür zugeschlagen. Mit einem

Backstein hat er versucht, das hintere Ausstellfenster einzuschlagen. Das hat nicht geklappt. Also haben wir einen Draht genommen und damit den Türknopf hochgezogen." Die deutlich kostengünstigere Lösung, auch wenn ihm eine kaputte Scheibe nichts auszumachen schien. Jahrzehnte später, als Schalke-Manager, wird er während eines laufenden Telefonats auf Mallorca eines der allerersten, sündhaft teuren Handys ins Meer werfen. Damals hat ein Handy einen gefühlten materiellen Wert wie ein Auto. Der simple Grund: weil der Empfang nicht zufriedenstellend ist. „Das Ding hat genervt", gibt Assauer später zu Protokoll.

Fast hätte er seinen Führerschein gar nicht ausgehändigt bekommen. Kurz vor der Prüfung stibitzt der 17-jährige Rudi dem Vater während seines Mittagsschlafs den Autoschlüssel. An der Kranzplatte in Herten-Mitte nimmt er mit dem VW-Käfer der Familie einem Motorradfahrer die Vorfahrt, der daraufhin in das Schaufenster eines Hutgeschäfts rast – und sich wie durch ein Wunder kaum verletzt. Nach dem Unfall flüchtet Assauer. Vor einer polizeilichen Verfolgung und Anzeige kann er jedoch nicht fliehen. Das Straßenverkehrsamt in Recklinghausen erhält die Mitteilung, dass Assauer ohne Führerschein gefahren ist. Weil Zwillingsschwester Karin zu der Zeit zufällig bei der Führerscheinstelle arbeitet, bekommen sie und ihr Chef den folgenschweren Assauer-Ausflug mit. Karin soll das Schreiben im Stapel nach ganz unten legen. Die langsam mahlenden Mühlen der Bürokratie wissen sie nämlich zu nutzen. Als der Zettel mit dem Vergehen bearbeitet wird, hat ihr Bruder längst die Fahrerlaubnis und kommt mit einer Strafe davon. „Unser Vater hat danach häufig Scherze gemacht und gesagt: ‚Der Motorradfahrer ist ohne Hut ins Geschäft gegangen und mit Zylinder wieder rausgekommen'", amüsiert sich Karin.

Mit Borussia Dortmund gewinnt der 22-jährige Assi 1966 den Europapokal. Der ein Jahr ältere Reinhard „Stan" Libuda, Assauers Vorbild und Ankerpunkt, erzielt im Finale das entscheidende 2:1 gegen Liverpool. „Ich war der Jüngste in der Truppe, musste die Taschen tragen und habe meine Mitspieler gesiezt." Der BVB schreibt an jenem Abend Sportgeschichte als erstes deutsches Team, das den Europapokal gewinnt. Während seiner Profizeit in Dortmund verdient Assauer zunächst 1.200 DM brutto und absolviert eine dreijährige Ausbildung als Bankkaufmann bei der Kundenkreditbank, kurz KKB. Er kann gut mit Zahlen umgehen in einer Zeit, in der der Stadionstehplatz drei Mark kostet. Bereits in der Schulzeit ist Mathe das Fach, in dem er seiner Zwillingsschwester überlegen ist.

In Dortmund lernt er Inge Lückert kennen, deren Eltern das Vereinslokal des BVB betreiben. Sie heiraten 1970, am 6. Mai kommt Assauers zweite Tochter Katy zur Welt. Auf sechs Jahre in Dortmund folgt in dieser Phase der Wechsel nach Bremen. Ein eher unfreiwilliger Wechsel, doch die Borussia braucht das Geld und Ehefrau Inge sowie Tochter Katy ziehen mit in die Hansestadt. Im Vorort Lilienthal wohnen sie auf 90 Quadratmetern in einem bürgerlichen Reihenhaus. „Er war bei uns zu Hause schon der Macho, der Mann im Haus. Die beiden Frauen kreisten um ihm. Meine Mutter natürlich – und ich war seine ‚Assiline'. Aber als Vater war er eine absolute Autoritätsperson. Ich hätte nie sagen können: ‚Ich mache meine Hausaufgaben nicht.' Das gab es bei uns nicht", berichtet Katy in einer *Sky*-Dokumentation aus dem Jahr 2022. Sie machen Urlaube auf Ibiza oder in Istanbul. Karin hält ihren Bruder aufgrund der Distanz zu seiner ersten Tochter auf dem Laufenden. „Ich habe den Kontakt zu Sonya gehalten und die Vermittlerin gespielt", fasst sie heute zusammen. Erst als Bettinas Stiefvater im September 1980 bei einem Arbeitsunfall stirbt, nähern sich beide an, vereinbaren ein Treffen und bleiben in Kontakt. Als Katy 13 Jahre alt ist, erfährt sie, dass sie eine fünf Jahre ältere Halbschwester hat.

Nach weiteren sechs Jahren in Bremen bei insgesamt 307 Bundesligaspielen hängt Assauer die Fußballschuhe an den Nagel, wird mit 32 Jahren bei seinem letzten Verein jüngster Manager der Liga. Die neue Aufgabe ist ein Vertrauensbeweis von Bremens Vereinspräsident Franz Böhmert. Er ist Assauers Mentor, Ziehvater und bester Freund.

„Ich hatte zu dem Zeitpunkt keine Ahnung vom Gebaren eines Bundesligavereins, null!", stellt Assauer in einem Interview fest. Er bringt sich die Managertätigkeit autodidaktisch bei – in einer Zeit, in der ein Studiengang namens „Fußballmanagement" noch erfunden werden muss –, hat sportliche Expertise, einen Kennerblick und versteht nach und nach auch die kaufmännischen Abläufe auf der Geschäftsstelle. In Bremen erlernt er die Grundlagen, die er später in Oldenburg und mit besonderem Erfolg auf Schalke anwenden wird.

Mit seiner Art macht er im Jahr 1979 auch den späteren Rekordmeister auf sich aufmerksam. Bayern-Präsident und Bauunternehmer Wilhelm Neudecker möchte Assauer als Manager abwerben. Er besucht daraufhin München, schaut sich das Trainingsgelände und einzugsfertige Villen an. Weil er jedoch parallel mit Werder Bremen im Abstiegskampf steckt und Verein sowie Mannschaft in der prekären Situation nicht hängen lassen möchte, bittet er um Bedenkzeit. Er könne erst wechseln, wenn klar sei, dass Werder nicht absteige. Zeit, die der Münchener Klub nicht hat und daraufhin fast notgedrungen den 27-jährigen Ex-Spieler Uli Hoeneß als Manager präsentiert. Eine im ersten Moment zufällige und doch mehr als richtungsweisende Entscheidung. Hoeneß ist bis heute untrennbar mit den großen wirtschaftlichen und sportlichen Erfolgen des FC Bayern verbunden. Er schreibt ab diesem Moment 1979 Bundesligageschichte. Andernfalls wäre Assauers Weg um ein Haar also anders verlaufen, er hätte womöglich an der Säbener Straße mehrere Meistertitel gefeiert. Doch Pflichtbewusstsein und beruflich-sportliches Ethos gehen bei seiner Entscheidung, in Bremen zu bleiben, vor. Wäre er in München überhaupt glücklich geworden? Vor allem, wenn man sich die Rahmenbedingungen in jener Zeit ansieht. Später kommentiert er seinen Entschluss noch deutlicher. Am 31. Juli 1979 zitiert ihn das *Hamburger Abendblatt* mit den Worten: „Ich habe keine Lust, den Lakaien für den Bayern-Präsidenten zu spielen." Denn: Wirkliche Entscheidungsgewalt hat der Bayern-Manager zu der Zeit nicht, wollen die Medien erfahren haben. Transfers müssen vorab mit Trainer, Präsident und Schatzmeister abgestimmt werden. Ganz sicher ist es ein nachträglicher Seitenhieb und vielleicht redet sich Assauer die Entscheidung der Münchener, nicht auf ihn zu warten, auch schön, schließlich hat ihn der Ruf aus Bayern auch geehrt und in der angespannten Bremer Situation veranlasst, den interessierten und interessanten Klub zu besuchen.

Assauer bleibt in Bremen, hält die Klasse. Doch ein Jahr später müssen die Grün-Weißen tatsächlich den Weg in die nächsttiefere Spielklasse antreten. Er krempelt die Mannschaft um, holt das routinierte Abwehrass Klaus Fichtel aus Schalke und den ersten schwarzen Nationalspieler, Erwin Kostedde, mit dem er später noch in einer Altherrentruppe kicken wird. Bremen gelingt mit den wenigsten Gegentoren und Kosteddes 29 Treffern der Wiederaufstieg. Assauer installiert 1981 – kurz vor dem Aufstieg – Otto Rehhagel als Trainer und beweist den richtigen Riecher. „König Otto" beschert Bremen mit mehreren Titeln eine goldene Epoche. Und Assauer kehrt, nach dem erfüllten Wiederaufstieg, in seine Heimat zurück. Schalke ruft.

Als Rudi Assauer im Sommer 1981 auf Schalke den Managerposten übernimmt, sagt er den Satz, der vermutlich am häufigsten von ihm zitiert wird: „Entweder ich schaffe Schalke oder Schalke schafft mich."

Er wirkt wie ein Kaufmann, wird nicht mit offenen Armen empfangen und muss sich den Vorwurf gefallen lassen, er hätte in Bremen eine „Rentnerband" spielen lassen. Ein Begleitumstand, der den Start in der Zweitklassigkeit unmittelbar nach dem ersten Abstieg der Vereinsgeschichte, den er nicht verantwortet hat, nicht gerade erleichtert.

Seine Rückkehr ins Ruhrgebiet ermöglicht eine weitere Annäherung. Nachdem bei einer schweren Kieferoperation von Tochter Bettina Komplikationen auftreten, begleitet Assauer sie alle vierzehn Tage zur Nachuntersuchung. „Er war immer da, wenn ich ihn brauchte. Sein Terminplaner war an diesen Tagen ab mittags geblockt. Morgens hat er noch gearbeitet, ab 14 Uhr war er nur noch für mich da, egal, wie lange es dauerte. Das war eine liebevolle Geste, vor allem weil er einen stressigen Job als Manager hatte und Krankenhäuser verabscheute."

Kurz nach seiner Amtsübernahme hat Assauer ein Schlüsselerlebnis. Er sieht ein B-Jugendspiel auf dem Ascheplatz an der Braukämperstraße in Gelsenkirchen, bei dem ihm ein besonderes Nachwuchstalent auffällt: Olaf Thon. Der spätere Fußballweltmeister 1990 und UEFA-Cup-Sieger 1997 ist zum damaligen Zeitpunkt junger Amateurspieler der STV Horst-Emscher. Zwei Jahre später bietet ihm Assauer, der ihn nicht mehr aus den Augen verliert, den ersten Vertrag an.

Thon: „Mein erster Gedanke war: Ich möchte nie rauchen. Er hat damals noch Pfeife geraucht, später Zigarren. Zu ihm als Patriarch mit dieser Ausstrahlung und Aura passte das. Ich habe mir immer gedacht: ‚Nee, das ist nichts für mich.' Nur bei der ersten Meisterfeier mit Bayern habe ich eine dicke Zigarre mit Uli Hoeneß geraucht und bei der dritten Meisterschaft gesagt: ‚Dann verzichte ich lieber auf Meisterschaften.'"

Weil Thon noch 17 ist, unterschreibt sein Vater als Erziehungsberechtigter den Kontrakt. 18 wird er erst am 1. Mai 1983, einen Tag nach Assauers 40. Geburtstag.

„Er hat dann seinen runden Geburtstag für meinen geopfert, indem er von 19 Uhr bis Mitternacht für meine über 100 Gäste in der Kneipe ‚Schmitz' in Beckhausen Bier gezapft hat. Am nächsten Tag haben wir dann trainiert. Und am 2. Mai war das 6:6, das größte Pokalspiel, das es auf Schalke jemals gab. Das sind natürlich besondere Highlights, die man nie vergessen wird."

Sein Beginn bei Schalke hat jedoch bis heute familiäre und berufliche Konsequenzen. „Ich habe einen Fehler gemacht, wofür er nichts kann. Als ich 17 Jahre alt war, wollte meine spätere Frau eine Lehre beginnen. Und so habe ich Rudi Assauer überredet, meiner Frau eine Ausbildung bei den Stadtwerken zu vermitteln. Im Aufsichtsrat hatten wir damals jemanden, der bei den Stadtwerken arbeitete. Er hat ihr dann das Angebot gemacht, sie hat die Lehre als Bürokauffrau erfolgreich abgeschlossen. Aber sie hatte immer den Wunsch – auch bis heute –, Kindergärtnerin zu werden. Ich bin schuld, dass sie es nie geworden ist. Jetzt haben wir einen Enkel und sie kann es sozusagen ein bisschen nachholen." Bei den Stadtwerken arbeitet auch Thon selbst. Er absolviert eine Ausbildung als Hochdruckschlosser, ganz nebenbei.

Der frischgebackene Volljährige erzielt in einem denkwürdigen DFB-Pokalhalbfinale drei Tore und sorgt aus Schalker Sicht für den 6:6-Endstand. Zwischen Assauer und Thon entwickelt sich ein enges Vertrauensverhältnis. „Das war am Anfang eine väterliche Geschichte, die sich im Laufe der Zeit verändert hat, als ich reifer wurde, Kapitän wurde, UEFA-Cup-Sieger. Dadurch verändert sich natürlich die Gemengelage." Als im September 2023 auf *Netflix* die vierteilige Dokumentation „Beckham" über den gleichnamigen englischen Ausnahmespieler anläuft, schaut auch Olaf Thon genauer hin. Das enge Verhältnis zwischen Trainer Sir Alex Ferguson und dem Nachwuchstalent David Beckham wird in der kleinen Serie eindrucksvoll abgebildet. Es beginnt vertraut, liebevoll, doch irgendwann gibt es Spannungen. Ein Spieler, der sich emanzipiert und seinen eigenen Kopf durchsetzt. Thon fallen Parallelen zu seiner eigenen Geschichte auf, was auch mit einem Fußballschuh zusammenhängt. „Ferguson hat einmal in der Kabine einen Schuh nach Beckham geschmissen. Bei uns war es so, dass Rudi Assauer mit meinem Fußballschuh, weil er kein passendes Gefäß hatte, einen Aufguss in der Sauna gemacht hat."

In dieser Zeit begegnet ihm Christoph Daum als Köln-Trainer das erste Mal. Am 4. Oktober 1986 spielen die Rheinländer am neunten Spieltag im Gelsenkirchener Parkstadion. Es ist Daums erstes Auswärtsspiel und überhaupt erst sein zweites Spiel als Bundesliga-Cheftrainer. 39.000 Zuschauer werden am Ende gezählt. Schalke geht durch Treffer von Michael Opitz und Jürgen „Kobra" Wegmann mit 2:0 in Führung. Doch Daum kann sein Team wachrütteln. So wie er einst seine Aufgabe als Fußballlehrer beschrieben hat: „Das ist wie bei einem Elektriker, der hinkommt und nur einen Wackelkontakt beheben muss, weil eigentlich alles vorhanden ist. Er fügt die richtigen Stecker zusammen und plötzlich ist alles wieder unter Höchstspannung." Michael Wollitz trifft zum Anschluss. In der zweiten Hälfte beschert Thomas Allofs den Domstädtern dann mit einem lupenreinen Hattrick, also drei Treffern in einer Halbzeit, den 2:4-Auswärtssieg.

„Auf der Pressekonferenz hat Rudi mir sehr abfällig gratuliert. Aber klar, er hat nach einer 2:0-Führung noch 2:4 verloren. Das ist verständlich, dass er nicht irgendwelche freudigen Gesten macht", frohlockt Daum heute, wenn er an seinen ersten Bundesligasieg zurückdenkt.

Es sind sportlich sehr wechselhafte Jahre auf Schalke nach zwei Abstiegen und zwei Wiederaufstiegen, in denen sich das Verhältnis zwischen Assauer und Präsident Dr. Hans-Joachim Fenne, einem Gladbecker Unternehmensberater, den er „Pfeife" nennen soll, immer weiter anspannt. Als Fenne mit Rolf

Schafstall im Alleingang einen Trainer hinter Assauers Rücken verpflichtet, geht das gegenseitige Vertrauen verloren. Assauer formuliert es damals so: „Bis dahin hat die Zusammenarbeit mit uns ja nicht schlecht geklappt. Aber das Problem war, dass Dr. Fenne über Nacht plötzlich der Meinung war, irgendjemand habe ihm Fußballverstand eingeimpft.“ Es darf durchaus vermutet werden, dass Fenne auch mit einer Entschuldigung das Verhältnis nicht hätte kitten, erst recht nicht mehr um die beste einvernehmliche Lösung hätte ringen können. Assauer hätte kein Pardon gekannt. Für ein Annähern ist seine Ablehnung zu absolut gewesen. Auf der Jahreshauptversammlung muss er als Sündenbock für die finanzielle Misere herhalten und wird obendrein von Mitgliedern für sein unnahbares Auftreten gegenüber Jugendlichen, die nach Freikarten gefragt haben, kritisiert. „Hasse kein Pulver, brauchse nich' auf Schalke“, soll er gesagt haben. So geht die erste Amtszeit unrühmlich zu Ende. Nach dem Auswärtsspiel gegen Eintracht Frankfurt, mit einem späten 1:0-Sieg dank Olaf Thon, wird Präsident Fenne von einem Hörfunkreporter gelöchert:

„Es gibt Gerüchte, Rudi Assauer wird entlassen. Ist da was dran?“

„Nein, das höre ich zum ersten Mal.“

Nur wenige Tage später, am 3. Dezember 1986, muss Assauer seinen Hut nehmen. Dass Fenne zwei Tage später am 5. Dezember selbst zurücktritt, macht die Entscheidung umso bitterer. Schalke hat vier Millionen DM Schulden und steht ohne sportliche Führung da.

In dieser Zeit endet Assauers Beziehung mit seiner Ehefrau Inge, sie bleiben allerdings bis 2007 verheiratet. Einen Ehevertrag gibt es nicht. 1987 lernt Assauer auf dem „Ball des Sports“ in Dortmund die Handballerin Beate Schneider kennen, mit der er eine Liaison eingeht und sie fortan „Schneider'sche“ oder „Zimmerlinde“ nennt. Gemeinsam ziehen sie sich in den Norden zurück, wohnen in Bremen, schaffen sich

Janosch an, einen ungarischen Vorstehhund, genießen Urlaube und das stressfreie Leben. Raus aus dem Hamsterrad. Assauer verfolgt den Fußball fast nur noch im Fernsehen, wird mit minderem Erfolg Immobilienmanager.

Erst bei Zweitligist VfB Oldenburg entdeckt er ab 1990 seine Liebe fürs runde Leder wieder. Klaus Berster, früherer Eishockey-Nationaltorwart und damaliger Präsident des Klubs, verpflichtet ihn. „Wir wussten natürlich, dass er inzwischen im Immobiliengeschäft tätig, aber immer noch absolut fußballversiert war und uns als Amateurklub weiterbringen würde."

Mit 2,3 Millionen DM hat der Verein den kleinsten Etat der Liga. Doch Assauer nimmt die Herausforderung an und tätigt erste Transfers. Die Mannschaft landet im Mittelfeld. Während sich die zweite Saison zu einem Höhenflug entwickelt, dürfen Ruhephasen nicht fehlen. In ihrer Freizeit spielen Präsident Berster, Manager Assauer und Klaus Baumgart, PR-Manager sowie zweiter Vorsitzender – der halbe, aber fülligere Part des Gesangsduos Klaus und Klaus, das mit dem Titel „An der Nordseeküste" den größten Erfolg feiert –, regelmäßig Skat. „Das war unsere Lieblingsbeschäftigung. Aber im Hotel oder Restaurant durfte in der Nähe kein Wagen mit Flaschen von ‚Williams Christ' stehen. Die haben wir heimlich aufgemacht und daran genippt. Nach dem Spiel waren die meistens leer."

Mannschaftsreisen unternehmen sie schon mal im Schlafwagen. Nachts werden Oldenburger Spieler dann von aufgebrachten Fans geweckt und müssen sich anhören, warum sie ausgerechnet in Unterhaching verloren haben. Durch seine guten Verbindungen gelingt Assauer der Transfer des Tschechen Radek Drulák, der in der Saison 1991/92 für Furore sorgt und mit 21 Treffern Torschützenkönig der 2. Bundesliga wird. „Rudis Kontakte haben uns geholfen und nach vorne gebracht." Die Niedersachsen klopfen an das Tor zur Bundesliga, verpassen den Aufstieg allerdings denkbar knapp. Irgendwann kommt es zu einem Streit mit Spielertrainer Wolfang Sidka, der Jahre später Spieler wie Aílton entdecken wird. Assauer und er haben unterschiedliche Auffassungen und können sich nicht einigen. Als Manager mischt sich der Hertener immer häufiger auch in die Mannschaftsaufstellung ein. Nachdem die Misserfolge zunehmen, Sidka im Februar nach einer 2:6-Niederlage in Jena entlassen wird und parallel ein Stellenangebot des DFB als „Aufbauhelfer Ost" eintrudelt und der unerwartete Ruf aus Gelsenkirchen kommt, deutet sich ein Ende der Ära Assauer in Oldenburg an.

Der Kontakt bricht allerdings nie ab. Als Berster 1997, zwei Tage nach dem legendären UEFA-Cup-Sieg des FC Schalke, für sein soziales Engagement mit dem Bundesverdienstkreuz ausgezeichnet wird, geht im Saal irgendwann die Tür auf. Die geladenen Gäste drehen sich um und blicken in die hinterste Reihe. Unerwartet kommt Rudi Assauer herein. „Es war eine Riesenüberraschung. Ein paar Stunden nach dem größten Triumph hat er die Feierlichkeiten absolviert, sich in seinen grünen Jaguar gesetzt und ist zu meiner Feier gekommen. Wir haben dann heftig einen genommen", sagt Berster gerührt.

Legt er von nun an auch Teile seiner unnahbaren Art ab und wandelt sie um? „Er hat mit seiner Arroganz seine eigene Stärke überdeckt. Von Grund auf war er ein herzensguter Mensch. Seine Arroganz war vielleicht sein Schutzschild. Für mich war das eine dufte Männerfreundschaft mit Tiefgang." Sie sollte 1993 nach seinem Abschied beim VfB Oldenburg in eine Fernfreundschaft umgemünzt werden. Denn sein Ziel ist klar.

Rudi Assauer will noch einmal angreifen, es seinen Kritikern und Zweiflern zeigen – und auch sich selbst beweisen, dass er Schalke schaffen kann. Das DFB-Angebot lehnt er ab. Es geht zurück zum FC Schalke. Jetzt erst recht.

KÖNIGSBLAU

Am Gelsenkirchener Hauptbahnhof wartet Rudi Assauer auf den Zug. Wie immer in Schale geschmissen. Dunkelgrauer Anzug, hellblaues Hemd, dunkelblaue Krawatte, Aktentasche. Mit Hans-Joachim Dohm, einem evangelischen Pfarrer aus Gelsenkirchen, peilt er an diesem Morgen Frankfurt an. Die Strecke ist ihm alles andere als fremd, legt er sie aufgrund seiner regelmäßigen Besuche von Managertagungen oder sonstigen Treffen mit Vertretern des DFB wirklich unzählige Male mit dem Auto zurück. Heute, an einem sonnigen Tag im Juni 2001, setzt er sich weder ins Auto noch geht es zum DFB. Sein ungewöhnliches Ziel: der evangelische Kirchentag in Frankfurt. Am Gleis wird er von jungen Schülern aus Haltern erkannt. „Rudi, Rudi!", rufen sie ihm zu. Er grinst.

Im Abteil zündet er sich erst einmal eine Zigarre an und liest Zeitung. Der Mann, der einen Monat zuvor nach der knapp verpassten Meisterschaft dem Fußballgott öffentlich abgeschworen hat, sucht den Kontakt zur Kirche. Seine Botschaft an diesem Tag lautet: „An erster Stelle steht für uns der Sport. Der Profit und das Geld stehen ganz weit hinten. Es wird bei uns nie ein Fußballspieler auf den Platz gehen, der ans Geld denkt. Schalke ist natürlich auch eine Religion."

Seine konfessionsartige Unterstützung des Bergarbeiterklubs Schalke beginnt schon im Kindesalter. Als kleiner Junge drückt Assauer den Königsblauen die Daumen. Um die Spiele live sehen zu können, schwingt er sich häufig aufs Fahrrad und fährt mit seinem Vater Franz zur Glückauf-Kampfbahn, die über fünf Jahrzehnte die Schalker Heimspielstätte bleiben sollte. Später wird er sagen: „Ohne diese Fans, ohne diese Tradition, ohne diese religionsartige Bewunderung wäre dieser Verein schon längst tot. Das ist die Philosophie von Schalke 04."

Als der langjährige DFB-Mediendirektor Harald Stenger, zu der Zeit noch Sportreporter der *Frankfurter Rundschau*, Rudi Assauer und Willi Lemke auf der Bühne mit den Worten: „Hier sind zwei abgezockte Macher, die im Profi- und Profitsport ihre gute Rolle spielen und gespielt haben", begrüßt, wirkt Assauer verwundert, schaut zur Seite, kneift die Augen zusammen. Im nächsten Moment lächelt er. Die Verärgerung war natürlich nur vorgegaukelt. In der Öffentlichkeit spielt er gern mit dem Image eines raubeinigen Machos. Sein Gegenüber mal verunsichern, mal provozieren. Dieses öffentliche Bild gepaart mit dem Hang zu adretter Kleidung – gebügelte Hemden, schöne Pullover und saubere Schuhe sind ein Musthave – veranlasst seinerzeit BVB-Manager Michael Meier ihn „Kaschmir-Hooligan" zu taufen. Assauers Retourkutsche: „Ich kann nichts dafür, wenn ein Klosterschüler so etwas sagt." Der Vollständigkeit halber muss erwähnt werden, dass Meier – auch wenn der Gegenangriff humoristisch klingt – tatsächlich die Klosterschule Collegium Josephinum in Bonn besucht hat. An dieser Stelle verleiht Assauer seiner Skepsis gegenüber Gymnasiasten und auch kirchlichen Einrichtungen nachdrücklich Ausdruck. Ordentlich besohlte Schuhe und bloß keinen Flusen an der Kleidung zu haben, haben einen hohen Stellenwert in seiner Eigenwahrnehmung. „So wie du aussiehst, wirst du gesehen", sagt er seinem Umfeld immer wieder.

Verpflichtungen in den Transferperioden werden regelmäßig mit bollernden Phrasen dekoriert – und zwar beidseitig. Als der HSV-Sportdirektor Bernd Wehmeyer, zu dem Zeitpunkt erst kurze Zeit im Amt, Assauer „Scheinheiligkeit" vorwirft, als er Sven Kmetsch für Schalke 04 verpflichtet, aber gleichzeitig über ein einzuhaltendes Gehaltsgefüge referiert, revanchiert er sich mit: „Was will der kleine Lump überhaupt? Geht jetzt der MSV Duisburg pleite, nur weil sich ein Popelverein wie Schalke 04 den Kmetsch vom HSV geholt hat? Wir haben nichts Unredliches getan, niemanden umgebracht."

Diese verbalen Blutgrätschen veranlassen im Sommer 1998 den Berliner Kurier zu titeln: „Rudi Assauer pöbelt gerne, versöhnt sich dann beim Bierchen."

Doch der Reihe nach: Als Assauer 1993 von Präsident Günter Eichberg, einem Unternehmensberater mit einem Krampfader-Privatklinik-Imperium, dem zeitlebens das vielleicht weniger schmeichelhafte Anhängsel „Sonnenkönig" aufgetragen wurde, verpflichtet wird und zum zweiten Mal am Berger Feld das Kommando übernimmt, sind die Vorzeichen alles andere als rosig. Schalke 04 plagen 20 Millionen DM Schulden und von Rückhalt kann nicht gesprochen werden – weder genießt Eichberg jenen aus den eigenen Reihen noch Assauer von den Anhängern. Wobei beides in beiden Ämtern unabdingbar ist. Hatte Assauer tatsächlich so viel Mut bewiesen, allen Kritikern zu trotzen? In der *Westdeutschen Allgemeinen Zeitung* ist am 23. März 1993 – also gut eine Woche vor Assauers königsblauem Comeback – zu lesen, dass „mindestens sechs Mitglieder des Verwaltungsrates gegen Assauer votierten". Eigentlich ein Projekt, das zum Scheitern verurteilt ist. Doch in ausweglosen Situationen läuft Assauer zur Höchstform auf.

Als Assauer seine Tochter Bettina anruft und sagt: „Komm mal zur Geschäftsstelle, ich bin wieder zurück", denkt sie zunächst an einen Scherz. Der Blick auf den Kalender bestärkt ihre argen Zweifel: Es ist der 1. April. Doch am Ende siegt ihre Neugier. Sie fährt zum Vereinsgelände und ist überrascht. Assauer ist tatsächlich wieder auf Schalke. Dort krempelt er den Verein um. Die Arbeitstage sind nie kürzer als zwölf bis 14 Stunden. Der Lohn für den Fleiß: drei Punkte im nächsten Spiel. Assauers Credo: „Wenn das Ergebnis nicht stimmt, ist das Wochenende verdorben." Disziplin ist für ihn nicht nur im beruflichen, sondern auch im privaten, sehr persönlichen Kontext unabdingbar. Morgens steigt er noch vor der frühen Arbeit aufs Laufband, fährt mit dem Spinningrad, macht Saunagänge. Währenddessen grübelt er, reflektiert intensiv und kommt nach eigener Aussage in der Hitze – mit glühendem Stumpen im Mund – auf die besten Ideen. Assauer trinkt gern Bier oder Wein, kann sich aber auch sehr kasteien. Immer, wenn er eine Currywurst, ein Stück Kuchen oder ein Eis isst, hängt er eine Laufeinheit dran. Er verwehrt sich viel, um „in shape" und fit zu bleiben.

Als Eichberg zurücktritt und sich die finanzielle Lage beim Bergarbeiterverein zuspitzt, steht ein entscheidendes Gespräch mit dem DFB an. Kann der Verein überhaupt weiter in der Bundesliga spielen? Jetzt schlägt Assauers Stunde, ansonsten hat Schalkes letzte geschlagen. Nach einer Unterhaltung mit dem DFB-Präsidenten Egidius Braun, einem ehemaligen Kartoffelhändler aus Breinig bei Aachen, den er zufällig auf der Toilette trifft und bei der Gelegenheit von ihm ein paar Tipps einheimst, wird Assauer vor dem entscheidenden Gremium eine flammende Rede halten, die die Entscheider auf seine Seite zieht und Schalke vor dem Abgrund bewahrt. Die Lizenz wird erteilt, gegen Auflagen und eine Zahlung von 300.000 DM. Später wird Assauer über diese Phase sagen: „Diese kleine Schalker Geschichte, das ist eine Lebensgeschichte für mich persönlich. Die werde ich auch zu Ende führen. Die werde ich so lange führen, bis sie mich mit dem Sarg hier raustragen. Und ich werde alles dafür tun, dass wir diesen Verein so nach vorn pushen. Egal was ich dafür einsetzen muss. Und wenn es meine Gesundheit ist. Aber dieser Verein hat es verdient. Verdammte Scheiße, es lohnt, sich für diesen Verein den Hintern aufzureißen. Das macht mir Spaß, den Leuten zu beweisen, dass die alten Zeiten Schalkes mit allen Skandalen und Skandälchen – wie auch immer – vorbei sind. Und man aus solch einer Skandalnudel eine wunderbare Struktur schaffen kann."

Seine Lebensgeschichte beginnt also von vorn. Nachdem Assauer Trainer Helmut Schulte das Vertrauen entzogen und den Sachsen Jörg Berger als neuen Trainer installiert hat, der bis dahin den Ruf als „Feuerwehrmann" genießt, kehrt Schalke

Stück für Stück auf die Fußballlandkarte und Spieler Olaf Thon nach sechs Jahren in München zu seinen Wurzeln zurück. In einer spektakulären Rückrunde der Saison 1995/96 gelingt den Schalkern ein Sieg nach dem anderen. Mit dem dritten Platz qualifizieren sie sich tatsächlich nach jahrelanger Abstinenz wieder für das internationale Geschäft. Es ist die Epoche, in der die „Eurofighter" geboren werden – ein eingeschworener Haufen, in dem jeder dem anderen sein letztes Hemd überlassen würde. „Wir schlugen Roda, wir schlugen Trabzon, wir schlugen Brügge sowieso. Valencia, Teneriffa, Inter Mailand. Das war 'ne Show!", hallt es durch die Fankurve und beschreibt den unvergleichlichen Weg ins UEFA-Cup-Finale 1997. Ein Weg mit Hindernissen und Rückschlägen.

Als sich vor dem wichtigen Halbfinalhinspiel gegen Teneriffa beide Stürmer in der Bundesligapartie gegen Karlsruhe verletzen, ist die Stimmung auf dem Tiefpunkt. Youri Mulder und Martin Max können definitiv nicht spielen. Sollte die internationale Reise nun doch zu Ende gehen? Beim Abschlusstraining steht auf einmal ein 52-jähriger Mann auf dem Feld und zieht die Blicke auf sich. Es ist Rudi Assauer. Den Trainingsanzug umgeworfen, macht er das komplette Abschlusstraining mit. Aufgrund des unerwarteten Eingriffs des Managers in den Schalker Angriff – zumindest im Training – klart die Stimmung auf und der Fokus ist neu gesetzt. „Die Jungs haben Spaß, wenn sie einen alten Knacker ein bisschen verarschen können!" Es macht so viel Spaß, dass Schalke zwar im Hinspiel unter „Rudi in den Sturm"-Rufen mit 0:1 verliert, das Rückspiel aber mit 2:0 gewinnt und im Finale das Mailänder Starensemble wartet. Im Gelsenkirchener Parkstadion sind die Fans in Feierlaune. Nach 70 Minuten erzielt „Kampfschwein" Marc Wilmots das erlösende 1:0 für Königsblau. Als auf der Anzeigetafel „Eine Hand am Pott!?!" aufleuchtet, bleibt Assauer verhalten: „Spinnt nicht rum! Wir haben den UEFA-Cup noch lange nicht." Es sollte im Rückspiel in Mailand wahrhaftig noch ein langer Weg werden, bis er die 16 Kilogramm schwere Trophäe in den Nachthimmel recken wird. Vor dem entscheidenden Finalspiel wird die Polizei die Schalker Fans für ihre Stimmung in der gesamten Stadt loben. „Das hat es in Mailand noch nie gegeben. Tausende Gästefans und alle waren friedlich. Das hat mich stolz gemacht. Das ist Schalke", berichtet Assauer damals. Auch ein Grund, weswegen Inter-Trainer Roy Hodgson vor Anpfiff bemängelt: „Das ist nicht möglich. Schon wieder ein Auswärtsspiel!"

Schalke glaubt an den Sieg, die Underdogs befreien sich aus ihrer defensiven Haltung. Bis fünf Minuten vor Abpfiff Zamorano zum 1:0 für die Italiener trifft und die Uhr auf null stellt. Die Verlängerung verläuft auf Messers Schneide. Als Maurizio Ganz versucht, den Schalker Keeper Jens Lehmann zu überlupfen, glauben einige schon, den sicheren Rückschlag zu sehen. Doch der Ball verfehlt das Tor. Es geht ins Elfmeterschießen. Ingo Anderbrügge verwandelt den ersten Schalker Elfmeter und setzt mit seinem strammen Schuss ein Zeichen. Als Lehmann gegen Zamorano hält, Thon, Djorkaeff sowie Max treffen und Winter verschießt, läuft Wilmots an. Der entscheidende Ball liegt auf dem Punkt, Wilmots fackelt nicht lange und schießt ihn ins linke untere Eck. Viele Schalker feiern schon den größten Erfolg der Historie, während Huub Stevens noch auf seiner Trainerbank sitzt und den letzten Torschützen auf seinem Zettel vermerkt. Assauer jubelt und liebkost die Spieler.

Im *RTL*-Nachtjournal wird Rudi Assauer nach dem Triumph ein Beitrag gewidmet. Im Moment des größten sportlichen Erfolgs als Manager unterstreicht er darin in einem Interview, was für ihn ein noch größerer Erfolg war: „Die Lizenzerteilung für 93/94 war die schlimmste Zeit. Dass wir gerade mit Ach und Krach die Lizenz bekommen haben für das Spieljahr danach." An seine eigene Zukunft möchte er nicht denken: „Man hat mich mal vor zehn Jahren hier auf Schalke rausgeprügelt. Und ich weiß: Irgendwann mal in zwei, drei oder vier Jahren, wenn es nicht so gut läuft, hauen sie mich wieder weg. Das darf man nicht so ernst sehen."

Den Erfolg genießen, sich zurücklehnen und vor sich hin sinnieren, kommt ihm nicht in den Sinn. Das Arbeitstier braucht die nächste ausfüllende Aufgabe. Schon einen Tag später startet Assauer seine Planung für das nächste Projekt, das niemand für möglich hält: ein neues Stadion. Dafür lässt er ein Schild an seine Tür hängen: „Sprechstunde für Spieler nur noch von acht bis neun Uhr." Eine abschreckende Uhrzeit, um sich voll und ganz, ohne Ablenkung, dem Millionenprojekt widmen zu können.

Auch privat gibt es in dieser Zeit Veränderungen. Nach zwölf Jahren Beziehung mit Beate Schneider verguckt Assauer sich bei einem Zahnarztbesuch in Kerstin Marohn aus Gelsenkirchen. Die 24-jährige Zahnarzthelferin steht ihm bei einer Behandlung bei, sie halten Händchen. „Ich habe sie kennengelernt, als ihr Zahnarzt mir das Esszimmer neu tapeziert hat", sagt Assauer in einem Interview. „Maröhnchen" ist anderthalb Jahre an seiner Seite und die erste Frau, die mit ihm Schluss macht. Bei einem Boxkampf am 1. April 2000 lernt Assauer Schauspielerin Simone Thomalla kennen. Es funkt zwischen den beiden, als Vitali Klitschko in Berlin gegen den Amerikaner Chris Byrd seinen WM-Gürtel verliert. Assauer nennt sie „Thomalla'sche" oder „Mucke", kümmert sich auch um ihre Tochter Sophia, die zu der Zeit Teenager ist. Für die beiden zieht er aus seiner Penthousewohnung mit Dachterrasse in der Straße „Am Goldberg" aus. Knapp neun Jahre leben sie zusammen in einer Villa an der Cranger Straße in Gelsenkirchen-Buer.

Für den sportlichen Erfolg braucht Assauer bestimmte Spielertypen, die auch mal anecken, voranschreiten, eigenwillig sind und sich nichts gefallen lassen. So jemand ist Jörg Böhme. Nach Stationen bei Carl-Zeiss Jena, dem 1. FC Nürnberg, Eintracht Frankfurt und Arminia Bielefeld verpflichtet Assauer den linken Mittelfeldspieler 2000 zum „Schnäppchenpreis" von 1,5 Millionen DM, umgerechnet 750.000 Euro, wie die *Frankfurter Allgemeine Zeitung* seinerzeit mitteilt.

„Schalke war zwischendurch immer wieder interessiert. Doch es kam immer anders. Bis mein Berater mir sagte, dass ein Vertrag steht und alle Zahlen schon durchgesprochen sind. Nun müsste ich mich entscheiden, ob ich nach Schalke wechseln möchte. ‚Pass auf, Jörg. Er ist ein Frühaufsteher. Kann sein, dass er sich schon morgens um sechs Uhr meldet.'"

Böhme ist angefixt und möchte wechseln, legt das Telefon vorsichtshalber neben sein Bett, um nicht zu verschlafen.

„Um zehn nach sechs bimmelte wirklich das Handy. Als 26-Jähriger ist das keine christliche Uhrzeit. Ich dachte: ‚Das kann doch nicht wahr sein.' Und das Erste, was er sagt:

‚Junge, hast du noch geschlafen?'

‚Nein, Manager. Ich war schon mit dem Hund draußen.'

Das war eine Lüge, aber ich konnte es nicht fassen. Bis dato habe ich so etwas auch noch nicht erlebt, diese Art und Weise.

‚Junge, hast du mit deinem Berater gesprochen?'

‚Ja, gestern Abend.'

‚Zahlen stehen. Bist du einverstanden?'

‚Ja, ich bin einverstanden.'

‚Alles klar, wir sehen uns zur Vertragsunterschrift. Lass es dir gut gehen. Tschüss.'

Wupp, weg. Im Prinzip habe ich zugesagt, ohne etwas schwarz auf weiß gesehen zu haben. Aber von den ersten zwei Sätzen an gab es eine Basis. Unterm Strich war ja auch alles richtig."

Vier Jahre spielt Böhme auf Schalke. Sein Verein wird Vizemeister und unter seiner besonderen Mitwirkung zweifacher Pokalsieger.

„Rudi hat immer mit offenem Visier gesprochen, egal wen er vor sich sitzen hatte, war in keiner Weise nachtragend. Er war nah an der Mannschaft und eigentlich jeden Sonntag nach Spielen in der Kabine, hat sich Meinungen vom Trainerteam und den Spielern eingeholt. Auch bei denjenigen, die eine schwierige Phase hatten und deswegen nicht zur Stammelf gehörten. Er hat die Jungs genauso behandelt wie die gesetzten Spieler. Jeden gleich, von Nummer eins bis 26."

Immer wieder kommt es zu Meinungsverschiedenheiten, lauteren Debatten, die öffentlich ausgetragen werden, doch gleichzeitig werden Kriegsbeile schnell wieder begraben. So bemängelt Böhme im Dezember 2001 nach einer 1:3-Niederlage gegen Wolfsburg in einem Interview, dass er von der Vereinsführung zu einem „Sündenbock" abgestempelt werde. Man dürfe sich nicht wundern, dass die Mannschaft „so eine Grütze" spiele.

„Wenn er das so gesagt hat, dann sage ich ihm: ‚Bitte, Jörg Böhme, suche dir einen anderen Verein.' Ich glaube nur nicht, dass er einen finden wird, der mit ihm klarkommt. Es ist mir auch scheißegal, ob wir damit die Ablöse herunterschrauben", ereifert sich Assauer. Als sie persönlich darüber sprechen und Böhme sich für seine emotionale Entgleisung entschuldigt, erledigt sich das Thema in derselben Schnelligkeit, wie es aufgekommen ist. Doch Böhme spielt immer wieder auf Bewährung. Fast ein Jahr später schwindet Assauers Geduld. Zwei Wochen nach einer Suspendierung schiebt er hinterher: „Wenn einer nur an sich denkt und nicht an die Mannschaft, dann: Auf Wiedersehen." Nach einem Vieraugengespräch löst sich auch dieser Ärger in Luft auf.

Dann wird eine waschechte Spionageaffäre Gelsenkirchen beschäftigen. In den Hauptrollen: Assauer und Böhme. Letzterer soll dem kommenden Gegner Bayer Leverkusen geheime Informationen übermittelt haben.

„Er war der Meinung, einen Verdacht öffentlich zu machen, was totaler Käse war. Das war völliger Quatsch damals", wischt Böhme heute erneut alle Vorwürfe zur Seite. „Ich stand mit meinem besten Kumpel Bernd Schneider und mit Oliver Neuville zusammen. Wir kannten uns ja von der Nationalmannschaft. Da war der Spielberichtsbogen auch schon längst geschrieben."

Assauer misstraut ihm, vermutet, Leverkusens Trainer Klaus Toppmöller hätte den Aufstellungsbogen vorab zugeschoben bekommen und gewusst, dass Böhme nicht von Beginn an spielt. „Ich kenne doch Böhme. Wenn ich mich mit ihm knallhart unterhalte, dann kann der auf Dauer gar nicht lügen", sagt Kommissar Assauer. „Das wäre Landesverrat."

„Rudi wollte das natürlich ein bisschen forcieren. Mein Ruf galt nicht als der beste, ich war ein ‚Rebell'. Er wollte das ein bisschen steuern, weil er auch von dem Interesse von Leverkusen wusste." Als Böhme sonntags Brötchen holen geht, wird er bereits von einer großen Schlagzeile einer Boulevardzeitung begrüßt: „Ist Böhme ein Spion?"

„Sofort klingelte mein Handy. Reiner Calmund war dran und sagte: ‚Junge, mach dir keine Sorgen. Wir holen dich. Bleib ruhig.' Ich wusste erst mal gar nicht, was los ist. Diverse Journalisten musste ich abwimmeln."

Zwei Tage später kommt es auf Schalke zum Friedensgipfel.

„Manager, das verstehe ich überhaupt nicht."

„Ja, ich bin da zu schnell nach vorne geprescht."

„Aber jetzt stehe ich deutschlandweit im Fokus, dass ich meine Kameraden verrate", bringt Böhme seine Enttäuschung zum Ausdruck. Assauer revidiert seine Einschätzung, ganz aus der Welt geschafft sind diese Vorwürfe nicht. Auf Schalke geht es für Böhme trotz aller Schlagzeilen und mehrfacher Denkpausen und kurzfristiger Suspendierungen immer weiter. Er verlängert sogar seinen Vertrag.

„Rudi war eine sehr ehrliche Haut. Man wusste genau, woran man ist. Es gab kein Rumgeeiere, nichts hinter dem Rücken. Immer ‚face to face'. Man konnte mit jedem Problem zu ihm kommen, egal welcher Art. Auch wenn es private Probleme gab. Er hat immer versucht, selbst zu helfen oder eine Lösung zu finden."

Bevor Böhme 2004 zu Borussia Mönchengladbach wechselt, weil er mit deren Trainer Dick Advocaat seinen größten Fürsprecher hat, der ihn Jahre vorher bereits zu den Glasgow Rangers holen wollte, versucht Assauer, ihn sogar noch umzustimmen. Doch Böhme hält sein Wort, geht trotzdem im Guten, was aufgrund der hitzigen Momente zwischen den beiden für Außenstehende vielleicht nicht nachvollziehbar ist.

Der Gelsenkirchener Filmemacher Frank Bürgin produziert im Auftrag des *Westdeutschen Rundfunks* 2001 eine 44-minütige Reportage über den Schalke-Manager Rudi Assauer. Anfangs muss Bürgin quasi auf Knien durch das Funkhaus rutschen, um Beachtung zu finden und die Verantwortlichen von der Sinnhaftigkeit der Aufnahmen zu überzeugen. Assauer ist im Sportbusiness genauso zu Hause wie in der Unterhaltungsindustrie, weswegen sich der Sender breitschlagen lässt. Diese Entscheidung werden die Verantwortlichen nicht bereuen und bekommen am Ende gar nicht genug von der Figur Rudi Assauer. Entstanden ist ein sehenswertes Stück Schalker Zeitgeschichte, mit Liebe zum Detail, weswegen der *WDR* das Material mehrfach ausstrahlt und bis heute in der Mediathek behält. Für Bürgin ergibt sich durch die erstaunlich einfache und direkte Art der Kommunikation mit Assauer die Möglichkeit, eine außergewöhnlich authentische Dokumentation anzufertigen. Seine eigene Herkunft aus dem Stadtteil Resse, maximal fünf Kilometer Luftlinie von Assauers Heimat am Katzenbusch entfernt, ist ihm bei der Zusammenarbeit sicher kein Nachteil. „Hasse", „bisse" und „kannse" sind in beider Wortschatz fest verankert.

„Ihn hat das Unprätentiöse ausgezeichnet. Er war ein ganz guter Menschenkenner. Wenn Rudi Assauer jemandem vertraut hat – und das Glück hatten wir bei unserer Produktion –, war er sehr offen."

So offen, dass Bürgin ihn sogar mit Zigarre unter der Dusche der Schalke-Kabine hätte zeigen können. „Ich habe dem Kameramann schon angedeutet, wenn er blankziehen sollte, ziehen wir uns zurück. Das war Rudi völlig egal, es war eben eine Jungskabine." Er ist alles andere als kamerascheu, spielt gekonnt mit ihr, genießt die Aufmerksamkeit, ledert gern los. „Ein Problem mit dem Selbstbewusstsein hatte er sicher nicht."

„Wenn ich morgens hier hinkomme: Ich freue mich auf den Tag, ich habe Termine ohne Ende – aber es gibt immer wieder Überraschungen. Und es kommen neue Situationen auf dich zu. Und damit hast du nie gerechnet beim Aufstehen. Auf einmal sind sie da. Dann musst du sie innerhalb von zehn Minuten regeln. Das ist doch schön an der Geschichte. Das macht Spaß", sagt Assauer in Bürgins Film mit einem breiten Lächeln. Man kauft ihm die ehrliche Faszination ab.

„Der Fußball ist ein so wunderbares, manchmal auch schweres Geschäft. Es ist doch herrlich, wenn man mit dazu beitragen kann, dass 60.000 Menschen im Stadion sitzen und warten jetzt, harren der Dinge, wenn zwei Mannschaften aufeinandertreffen. Du bist da irgendwo mittendrin und hast ein gewichtiges Wort mitzureden. Du gehst mit und leidest, zitterst, bangst und freust dich. In erster Linie geht es um Sport. Dann kommt das Geschäftliche. Ich bilde mir ein, dass ich doch ein bisschen was vom Fußballgeschäft verstehe und beurteilen kann, ob einer gut mit rechts flanken kann oder mit links flanken kann. Und wer passt und wer nicht passt. Und ich denke, dass ich ein guter Verkäufer bin, dass ich die Ware Schalke 04 gut verkaufen konnte und auch heute noch kann."

„Diese Festigkeit in den Überzeugungen, die er immer vermittelt hat, war ein Teil seines Erfolgsgeheimnisses. Für ihn gab es nur einen Lebenstraum – und das war Fußballprofi. Rudi Assauer hätte alles dafür gegeben, Profi bleiben zu dürfen. Insofern war seine spätere Arbeit auch eine Mischung aus Bewunderung und Neid auf die Spieler, die eben das Alter hatten, in dem sie das Leben leben konnten, was er sich am liebsten für sich gewünscht hätte", resümiert Bürgin. „Er war auch eins zu eins so, als die Kamera nicht lief. Als ein Gespräch mit Huub Stevens mal länger gedauert hat – es ging um irgendeine sportliche Frage –, kam Rudi Assauer raus, guckte in die Kamera und sagte: ‚Der nervt!'"

In einer Gesprächsrunde mit dem Arena-Management und einer Veranstaltungsagentur hört Assauer interessiert zu, hält bei Budgetfragen Blickkontakt zu Finanzvorstand Jupp Schnusenberg, einem selbstständigen Steuerberater, als das Thema Beleuchtung bei der Eröffnungsfeier aufkommt. „Jetzt schießt ihr Fachleute doch mal los. Wie haben Sie sich das vorgestellt?"

„Er hatte, um es einmal vorsichtig auszudrücken, auch eine gewisse Reserviertheit gegenüber Intellektualität", stellt Bürgin fest. Dazu passt Assauers Aussage: „Zu meiner Zeit haben die Doofen Fußball gespielt. Heute haben auf Schalke zwei Drittel der Spieler Abitur." Bürgins Lieblingsszene der Reportage wird eine Absprache mit dem Plattenlabel EMI sein, das Chartstürmer Robbie Williams vertritt. Er soll der Top Act beim ersten Spiel in der Arena sein. Am Telefon sagt Assauer:

„Ja, lass den Jungen kommen. Wir machen den Mist mit. Er kann einen Tag vorher mit der Mannschaft trainieren. Der kann den Anstoß machen. Und kurz vor Spielende schmeißen wir ihn einfach auf den Platz drauf."

„Das war schon großartig", sagt Bürgin, dessen Stimmlage noch immer einen Unterton der Verwunderung enthält. „In völliger Ignoranz, wer der Weltstar und wer der bundesweit bekannte Verein ist. Für ihn war Robbie Williams irgendein englischer Sänger, der sich für Fußball interessiert. ‚Dann soll der Junge mal kommen.' Sein Kosmos war der eigentlich wichtige auf diesem Planeten." Am Ende wird übrigens nicht Robbie Williams, sondern Lionel Richie mit „All Night Long" und „Hello" das 358 Millionen DM teure Stadion beschallen. Bürgin lacht, wenn er an diese Situationen zurückdenkt.

In langen Interviews lässt Assauer auch tief in sein Inneres blicken: „Schalke hat mich geschafft. Nach wie vor. Lebensqualität, Beziehungen, alles das ist kaputtgegangen über die Arbeit für Schalke 04. Man muss sich entscheiden, was man tut. Entweder sagst du, du machst den Job. Und machst ihn richtig. Oder machst ihn überhaupt nicht. Dann musst du es sein lassen. Halb zu machen, vergebliche Liebesmüh. Weg! Wenn du ihn richtig machst, dann weißt du, dann gibt es im Grunde genommen kein Privatleben mehr. Kann es nicht geben, bleibt auf der Strecke."

Das liegt auch daran, dass er bei allen relevanten Gesprächen und Verhandlungen nicht nur beisitzt, sondern den Ton angibt. Er begreift seine Rolle längst nicht nur als Fußballentscheider. Er ist Verantwortlicher für den Gesamtverein Schalke und die Entwicklung – inklusive des Baus des modernsten Stadions Europas. Bei den Gesprächen trifft Assauer auf Fred Toplak, den späteren Bürgermeister seiner Heimatstadt Herten, der es fast schaffen wird, Assauer zum Ehrenbürger ernennen zu lassen – lediglich die Abstimmung im Stadtrat verhindert diese Auszeichnung. Zu der Zeit ist Toplak Betriebsleiter in einem großen Werbetechnikunternehmen in Gelsenkirchen und hat den Auftrag, sich um ein ausgeklügeltes Wegeleitsystem, die großen Werbetafeln, Bandenwerbung und Erstausstattung der Schalke-Arena zu kümmern. „Ich war sehr beeindruckt von seiner Art, wie er in dieser Riesenbauphase der Arena drei Monate vor der Eröffnung mit den ganzen täglichen Problemen auf so einer Baustelle umgegangen ist." Eine Absprache hätte nicht typischer sein können: Weil die Arena mit ihren technischen und gesetzlichen Voraussetzungen – vom Brandschutz bis hin zu Flucht- und Evakuierungsplänen – vergleichbar mit einem großen Bahnhof oder gar einem Flughafen ist, sind besonders viele Schilder nötig. Im Meeting sagt Assauer dazu nur: „Jetzt mach mal halblang, Jung. Ist alles schön und gut, was du da erzählst, aber wir brauchen diese Scheißschilder nicht. Unsere Fans finden ihren Sitzplatz auch so!"

Für Toplak sind die Assauer'schen Absprachen eine willkommene Abwechslung. „Ich habe viele Großbaustellen erlebt. Man hat – auf gut Deutsch gesagt – mit vielen Idioten und arroganten Architekten zu tun. Rudi stand immer vorne weg, hat gesagt: ‚Haken dran, machen!' Das war schon cool."

Schlussendlich sorgen die rechtliche Verpflichtung und Probeläufe der Fluchtwege dazu, dass nun doch Schilder geliefert werden. Einen Versuch war's ja wert. Das Geld hätte er zwar wirklich nur in der Theorie sparen können, aber möglicherweise sorgt die Schilderlieferung dafür, dass an anderer Stelle ein kleines Loch in die Finanzplanung gerissen wird. Eines Tages spaziert Assauer mit Sportreporter Ulli Potofski um die Arena und sagt stolz: „Dieser blaue Neonstreifen war nicht mehr im Budget. Den habe ich aus eigener Tasche bezahlt." Eine Sonderanfertigung. Blaues Neonglas gab es schon immer, doch Höhe und Durchmesser sprengen den Rahmen. „Weil es die Arena letztendlich abends in blaues Licht tunken muss, mussten wir erst mal einen Hersteller und Produzenten finden, der so ein dickes Neonglas überhaupt produzieren kann", versichert Toplak. Die Flutlichter färben das Dach an Spieltagen strahlend weiß, während das erleuchtete Neonglas für die königsblaue Abrundung sorgt. Wenn es dunkel wird am Berger Feld, versetzt es die Fans bis heute in eine wohlige Atmosphäre.

„Sagen Sie mir nicht, dass in Gelsenkirchen die Veltins-Arena selbstverständlich sein müsste. Eine solche Vision zu haben, sie so durchzuziehen und den Klub zu führen, gemeinsam mit sportlich starken Leuten wie Huub Stevens. Das alles wäre ohne Assauer nicht denkbar." Kommentatoren-Ikone Marcel Reif legt sich in unserem Telefonat schnell fest, ob Rudi Assauer ein „Macher" war: „Macher heißt ja: Einer macht was. Und dass er nichts gemacht und nichts geschafft hätte, das kann ihm nun wirklich keiner vorwerfen. Assauer war ein Boss im besten

Sinne. Wenn du auf Schalke kamst, das war Assauer-Land. Eine in der Branche herausragende Figur. Er war auf Schalke eine One-Man-Show. Aber das sage ich mit großem Respekt. Heute, denke ich, würden solche Strukturen nicht mehr funktionieren. Aber zu seiner Zeit war er der Macher, er war der Entscheider."

Reif, der 1949 im polnischen Wałbrzych zur Welt kommt und dessen Vater Leon nur durch die mutige Hilfe von Berthold Beitz, einem einflussreichen Industriellen in der Montanindustrie des Ruhrgebiets, den Holocaust überlebt hat, begleitet unzählige Schalker Begegnungen am Mikrofon, national und international, mal lobt er die Königsblauen, mal kritisiert er sie – ohne eine Reaktion Assauers. „Wenn er mal auf eine Reportage reagiert hat, habe ich es vielleicht verdrängt. Das habe ich schon anders erlebt. Mich hat Uli Hoeneß schon mal angerufen, das hat Assauer nie gemacht. Ich wette, dass ihm manche Dinge mal nicht gefallen haben, das ist auch in Ordnung. Aber wir haben nie darüber gesprochen. Ich glaube, das war ihm auch nicht wichtig genug."

Wichtig ist Assauer dagegen seine Außenwirkung. Er kann eitel sein, achtet auf sein Äußeres. „Assauer ist das Urbild des Machers. Auch in seinem Auftreten. Das hat er auch zelebriert mit seiner Zigarre. Wenn Assauer kam, das hast du mitgekriegt. Das wollte er auch so."

Assauer nötigt Reif bis heute Respekt ab. Der Fernsehreporter, der erst mit acht Jahren Deutsch gelernt hat und zu einem der Besten in seinem Metier aufgestiegen ist, hat viele Vereine und Funktionäre kommen und gehen sehen. Doch mit dem Mann aus dem Ruhrgebiet verbindet er bedeutungsvolle Momente:

„Die Strecke, die er hingelegt hat auf diese Art, hat diesen Klub in Deutschland eigentlich zur zweiten Kraft gemacht. Sonst wärst du nicht Meister der Herzen geworden, zumindest waren sie oben mit dran. Und haben internationale Erfolge geholt. Das schaffst du nicht eben mal so mit einer kleinen

Glückssträhne. Und er konnte mit den Massen spielen, zum Beispiel mit den Tränen nach dem verlorenen Meistertitel. Er hat niemandem nach dem Mund geredet. Von ihm hättest du nie gehört: ‚Das kriegen wir hier nicht durch.' Den Eindruck hatte ich nicht, dass, wenn er mal was entschieden hatte, er sich da einen Kopf gemacht hätte."

Vermutlich können nicht alle mit dem emotionalen Umfeld im Ruhrrevier umgehen. Dort lebt ein gewisser „Schlag Mensch", wie es so schön heißt. Die Menschen sind ehrlich, manchmal zu ehrlich. Sie verzeihen auch Misserfolge, allerdings nur unter der Prämisse, nicht angelogen zu werden und eine bis zur letzten Sekunde kämpfende Mannschaft zu sehen. „Die Gefühlsduselei um Schalke so im Griff zu haben, Entscheidungen sachlich klar zu fällen, dabei alle Dinge zu bedienen, er hat sehr intelligent und schlau auf der Klaviatur gespielt. Das, was am Ende die Tabelle hergab und dieses Stadion hergibt, das reicht als Arbeitsnachweis. Assauer war der Mann mit der Zigarre. Möglicherweise hat er sich ein bisschen auch so inszeniert. Uneitel war er nicht. Den Vorwurf würde ich ihm nicht machen." Marcel Reif, der gern hin und wieder eine Zigarre raucht, ist nicht vergönnt gewesen, ebenjene mit Rudi Assauer zu rauchen. „Ich hätte mich nie gewehrt, wenn er gesagt hätte: ‚Komm, ich muss mal mit dir reden.' Aber es hat sich nie ergeben."

„Merkt euch diesen Namen. Das ist der nächste Michael Ballack."

Rudi Assauer spart nicht mit Superlativen und ist begeistert von seinem Talent aus dem Nachwuchsbereich, das er im Winter 2003 von seinem Balkon aus hat beobachten können. Die Geschäftsstelle – und somit auch sein Vorstandsbüro – befindet sich unmittelbar zwischen den Trainingsplätzen. Perfekte Sicht für Assauer, der die Profis und die Jugend gleichzeitig im Blick hat. An diesem Tag spielt die Schalker U17, als ihm während der Partie ein Jugendspieler auffällt. Es ist: Alexander Baumjohann. „Ich war Balljunge in ganz jungen Jahren. Immer ganz nah dran. In der U13 habe ich auch schon bei Schalke gespielt und bin relativ schnell Riesen-Schalke-Fan geworden. Rudi Assauer war damals ‚Mister Schalke'."

Assauer ist nach der Begegnung so begeistert vom offensiven Mittelfeldspieler, dass er B-Jugend-Trainer Manfred Dubski anspricht, der in den 1970er-Jahren selbst für Schalke aufgelaufen ist, und offeriert, dass Baumjohann schon bald bei den Profis mittrainieren soll. Ein Ritterschlag. Also beginnt das Jahr 2004 für Baumjohann mit den ersten Profieinheiten unter Trainer Jupp Heynckes.

Wenige Tage später schon ist Baumjohann zur Vertragsunterschrift mit seinem Befürworter Rudi Assauer verabredet. Einen Berater hat er mit 16 nicht, weswegen ihn seine Eltern begleiten.

Vor ihnen sitzt Assauer, der den Kontrakt auf den Tisch legt, mit einer Gesamtlaufzeit von sechs Jahren – die sich aus drei Spielzeiten plus weiteren drei als Option für den Verein zusammensetzen. Assauer will sichergehen, dass Talente auf Schalke bleiben und nicht so schnell von anderen Klubs weggeschnappt werden können. „So einen Vertrag würde heute vermutlich kein junger Spieler mehr unterschreiben. Aber damals war mir das komplett egal. Da gab es nicht großartig viel zu verhandeln. Ich wollte einfach nur Fußball spielen und war stolz und glücklich, diese Möglichkeit zu bekommen."

Und so fängt der Teenager offiziell als Lizenzspieler an, darf zwar noch nicht in der Bundesliga spielen, aber wird bereits für die kommende Saison als dritter Neuzugang präsentiert, neben Aílton und Mladen Krstajić. „Rudi Assauer hatte diese Autorität und hat diese besondere Aura ausgestrahlt, wenn er einen Raum betreten hat. Wir alle haben ihn respektiert, egal ob junger oder älterer Spieler. Ich kann mich nicht daran erinnern, dass jemals ein Spieler auch nur ein schlechtes Wort über ihn hat fallen lassen."

Dass Werte wichtig sind und die Schalker Werte wie „malochen“, „alles geben“ und „auf dem Platz sein Herz lassen“ einen besonderen Stellenwert haben, erfahren die Jugendspieler um Baumjohann schon viel früher. Als die komplette Jugendabteilung zu einem der jährlichen Treffen auf der Geschäftsstelle zusammenkommt und Assauer einen Vortrag hält, lauschen alle gebannt. Bei einem Thema wird er dann ganz besonders deutlich: Spielerberater. „Wenn ich mitbekomme, dass irgendein Spieler hier in der Jugend einen Spielerberater hat. Leute, ich stehe oben im Büro mit einem Scharfschützengewehr und habe das Trainingsgelände im Blick. Das wird nicht gut ausgehen!“

Was heute unterhaltsam klingt, versetzt den Raum damals in derartige Stille, dass man eine Stecknadel hätte fallen hören können. Keiner macht einen Mucks. Eine klare Ansage vom Manager.

Dass Assauer ihn öffentlich in den höchsten Tönen lobt, nimmt der junge Baumjohann wahr, es setzt ihn allerdings nicht unter Druck. Vielmehr freut es ihn. Als nach Heynckes dann Ralf Rangnick den Posten übernimmt und Baumjohann zunächst einen schweren Stand beim neuen Cheftrainer hat, sitzt er erneut in Assauers Büro. Der gibt ihm wertvolle Tipps und spricht Mut zu: „Warte nur ab. Du musst Geduld haben. Deine Zeit kommt.“

Er soll recht behalten. Baumjohann entwickelt sich weiter, wechselt zu Mönchengladbach und Bayern München, ist später wieder bei Schalke, Kaiserslautern, Hertha BSC, den brasilianischen Vereinen Coritiba FC und EC Vitória unter Vertrag, bis er nochmals den Kontinent wechselt. Die australischen Erstligisten Western Sydney Wanderers und Sydney FC sind seine letzten Stationen. Und er bleibt. Heute arbeitet der 37-Jährige als Sportdirektor bei ebendiesem Sydney FC. „Dass ich überhaupt auf die Idee gekommen bin, Sportdirektor werden zu wollen, ist auch Rudi Assauer zu verdanken“, lächelt

Baumjohann. „Wenn man einen Manager malen könnte, ist Rudi Assauer prädestiniert dafür, genau derjenige zu sein."

Baumjohann möchte sich in Australien weiterentwickeln, erfolgreich arbeiten und irgendwann als Sportdirektor nach Europa zurückkehren, vielleicht auch in die Bundesliga. „Rudi Assauer war ein Riesenvorbild und mein Idol. Er hat den Verein gelebt und hart gearbeitet. Wirklich jedes Mal, wenn ich zum Training oder zur Geschäftsstelle gekommen bin, stand sein Auto dort. Auch wenn es lange her ist, versuche ich mich an gewisse Momente zu erinnern und anzuwenden, was ich damals bei ihm gesehen habe. Vor allem diese Ehrlichkeit. Offen zu sprechen, auch wenn es für den Spieler mal unangenehm ist und er es nicht unbedingt hören möchte. Bei Rudi Assauer wusstest du, woran du bist – ob es positiv oder negativ ist. Es war immer die Wahrheit. Das versuche ich in meinem Job auch so gut wie möglich umzusetzen."

Baumjohann klingt in unserem Gespräch klar, aufgeräumt, reflektiert und gleichzeitig auch verschmitzt. Auch er wünscht sich sicherlich, dass Spieler über ihn so denken, wie Rudi Assauer sich selbst als Führungskraft beschrieben hat: „Verdammte Hacke. Der Alte ist mal streng, scheißt uns auch irgendwann mal zusammen, aber er ist immer gerecht."

„Ein Drittel mehr Geld? Nee, ich will mindestens ein Viertel!" Dieses Verhandlungsmalheur, das dem früheren deutschen Nationalspieler Horst Szymaniak bis heute angedichtet wird, ist auf Schalke niemandem passiert. Dafür konnten Gehaltsverhandlungen mit Rudi Assauer sehr zäh sein. „Der Sauhund hat nie einen Vorschlag gemacht", weiß „Eurofighter" Ingo Anderbrügge bis heute. Von 1988 bis 1999 spielt er für Schalke, gehört nicht nur wegen seines strammen Schusses, der sogenannten „linken Klebe", zur von den Mitgliedern gewählten Jahrhundertelf. Anderbrügge hat keinen Berater, ist deswegen immer wieder auf sich allein gestellt. Als es um Vertragsverlängerungen geht, betritt er das Büro des Managers. „Drei- oder viermal saß ich ihm gegenüber. Rudi Assauer saß da wie ein Fels und hat sich nicht gerührt." Immer dasselbe Prozedere: Der Spieler muss das erste Angebot machen, Assauer zieht an seiner Zigarre und reagiert, drückt den Preis. Anderbrügge lernt dabei fürs Leben und adaptiert die Vorgehensweise inzwischen seit Jahren auch in seinem eigenen wachsenden Unternehmen, das unter anderem Fußballcamps für Kinder durchführt. „Wenn ich heute Leute einstelle, bleibe ich auch hart, wenn sie mich fragen, was man überhaupt verdienen kann." Ein taktischer Schachzug, der bis heute funktioniert.

In der Phase, in der Schalkes finanzielle Probleme sichtbar werden, fragen die Spieler: „Manager, was ist da dran?" Seine Antwort: „Ihr macht euren Job, ich mach meinen." „Er hat uns immer den Arsch gerettet und es gab immer pünktlich Geld", versichert Ingo Anderbrügge.

Als Schalke im September 1993 im DFB-Pokal Bayern München zugelost wird, beschließt Anderbrügge mit vier weiteren Spielern, eine Prämie für einen möglichen überraschenden Sieg auszuhandeln. Es steht die dritte Runde an, ein Flutlichtspiel am Sonntagabend, ein attraktiver Rahmen gegen einen besonders namhaften Gegner. „Wir haben gedacht, da können wir einen auf dicke Hose machen. Wir schlauen Flitzpiepen haben gesagt: ‚Manager, was gibt es, wenn wir weiterkommen?' Er hat sich aber nicht darauf eingelassen."

Assauer bittet um einen Vertrauensvorschuss, zeigt die vielen unklaren Parameter auf: Überträgt ein Fernsehsender? Ist das Stadion ausverkauft? Gibt es einen Spieltagssponsor? Er möchte wissen, was im Topf ist, bevor er Zuwendungen verspricht. „Wenn ihr weiterkommt, verspreche ich euch, nehmt ihr mehr als jetzt nach Hause. Und wenn ihr ein gutes Spiel macht und euch gut verkauft, aber verliert, gibt es auch etwas."

Skeptisch verlässt der Mannschaftsrat das Büro des Managers. Haben sie gut verhandelt? Wie sollen sie das jetzt der

Mannschaft erklären? Der Spieltag rückt näher. In der angespannten finanziellen Lage gehen die Gelsenkirchener als Außenseiter in die Partie, doch bereits nach 27 Minuten durch Dieter Eckstein in Führung, die Schalke sogar bis kurz vor Schlusspfiff halten kann. Erst in der 87. Minute gleicht Oliver Kreuzer für die Münchener aus. Es geht in die Verlängerung, in der Youri Mulder nach 113 Minuten für die erneute Schalker Führung sorgt. Grenzenloser Jubel auf den Rängen. Doch Kreuzer gleicht erneut aus. In der 119. Minute versetzt Christian Ziege schließlich den K.-o.-Stoß. Schalke muss sich 2:3 geschlagen geben. „Das werde ich nie vergessen", betont Anderbrügge. „Wir haben trotz Niederlage im Anschluss alle eine vierstellige Prämie bekommen. Ohne dass wir wussten, was er macht. Das hätten wir nicht erwartet. Einfach überragend!"

Sportlich und körperlich mit der Mannschaft mithalten zu können, bleibt Assauer auch mit oder gerade wegen seines Schreibtischjobs ein besonderes Bedürfnis. Dass er auch als Manager das Schalker Abschlusstraining an Freitagen aufmischt, ist für die Profis zunächst eine Überraschung, später eine Bereicherung. „Er hat sich den Trainingsanzug angezogen und irgendeinen geschnappt, mit dem er Lattenschießen gemacht hat", berichtet Anderbrügge. „Der Manager schießt zweimal drauf, trifft zweimal und sagt ‚Auf Wiedersehen!' Und dann kriegst du auch keine zweite Chance. ‚Nein, wir haben jetzt ein Spiel gemacht, ich habe gewonnen, dann musst du bis nächsten Freitag oder in 14 Tagen warten!'" Ein gewieftes Schlitzohr, der Schusstechnik und Augenmaß beherrscht und seine Jungs gern aufs Glatteis führt. Der Wunsch, einen besonders engen Draht zum Trainerteam und zur Mannschaft zu pflegen, ist in ihm verankert. Seine Devise: „Mit den jungen Leuten bleibst du jung. Das ist die größte Lebensqualität, die ich habe."

KOMPROMISSLOS

Irgendwann im Frühjahr 1995. Im Büro von Dortmund-Manager Michael Meier klingelt das Telefon. „Du musst uns helfen. Du willst ja auch, dass wir weiter in einer Liga spielen", kommt der Gesprächspartner schnörkellos-direkt zur Sache. Am Apparat ist: Rudi Assauer. Der S04-Manager interessiert sich für Spieler Marco Kurz. „Was kann er?", will Assauer wissen. „Und was kann er nicht?"

Fast 30 Jahre später rufe ich bei Michael Meier an. Ein gehetztes „Hallo" dringt aus dem Hörer, als der 74-Jährige, leicht außer Atem, antwortet: „Ich bin gerade beim Tennis und kurz davor zu gewinnen. Können wir nachher sprechen?" Sportlichen Ehrgeiz verliert man eben nicht. Meier, zunächst Manager in Köln, Leverkusen, später beim BVB, kennt Assauers Eigenarten und die derben Pfeile, die er von Gelsenkirchen an seine frühere Wirkungsstätte in Dortmund entsendet. Als die Dortmunder an die Börse gehen, kommentiert Assauer scharfzüngig: „Von denen würde ich mir keine Aktie holen." Meiers Retourkutsche: „Ich glaube, dass Rudi Assauer seine eigene Bilanz nicht lesen kann. Es stört mich, wenn ein Laie in diesen Fragen Borussia Dortmund beleidigt."

Rückblickend sagt Meier heute darüber: „Im Ruhrgebiet gilt das offene Wort. Das ist nicht meine Art gewesen, aber in diesem konkreten Fall, wenn du in Dortmund bist und hast Schalke vor der Brust, dann passiert schon mal so was, ne." Man ist nicht nachtragend, man haut sich Formulierungen um die Ohren, man verträgt sich schnell. In Worte verpackte Feindseligkeiten gehören zur Rivalität im Ruhrgebiet einfach dazu. „Bei Rudi gab es immer ein Tagesarschloch. Nach dem Motto: ‚Heute bist du ein Arschloch für mich.' Da hat er seine Meinung gesagt und am nächsten Tag war das vorbei."

Eine simple Formel: Arschloch für einen Tag, abgehakt, weiter.

Wie viel Show gehört dazu?

„Wir haben uns schon ordentlich beharkt. In der Öffentlichkeit zumindest." Doch sportlich agieren sie auf Augenhöhe. Als es um besagte Verpflichtung von Marco Kurz geht, verlaufen die Verhandlungen fair. „Da wurde was gesagt und er hat nicht versucht zu tricksen. Wenn man ihm fair begegnete, war er auch ein fairer Vertragspartner." Wenige Wochen vor dem Wechsel, beim torlosen Remis gegen seinen neuen Arbeitgeber, steht Kurz, beim BVB primär Ersatzspieler, sogar 90 Minuten auf dem Feld.

Bereits zwei Jahre zuvor und kurz nach Assauers Rückkehr unterstützt Meier mit einer stolzen Ablösesumme von 3,25 Millionen DM den Erzfeind. „Als wir Steffen Freund geholt haben, haben wir schon vorher alles klar gemacht, weil die Schalker Geld brauchten. Das sind alles so Dinge gewesen, die sind eigentlich nie in die Öffentlichkeit gekommen. Aber da hat man sich einfach geholfen."

Da Assauer als ehemaliger Dortmunder einer gemeinsamen Koexistenz im Ruhrgebiet gegenüber nicht wirklich abgeneigt ist, verlagert sich sein Zorn des Öfteren in den Süden der Republik. Da seiner Meinung nach der FC Bayern bei Liveübertragungen der öffentlich-rechtlichen Sendeanstalten bevorzugt wird, echauffiert er sich öffentlich: „Sollen sie doch ein Bayern-Studio aufmachen und fetten Gänsen den Arsch schmieren."

Als der belgische Abwehrspieler Nico Van Kerckhoven im Jahr 1998 für eine kolportierte Ablösesumme von sieben Millionen DM nach Schalke wechselt und den beliebten „Eurofighter" Mike Büskens aus der Startelf drängt, wird er von den Fans im Parkstadion ausgepfiffen. Assauers drastische Reaktion, als er das mitbekommt – eine Rücktrittsdrohung mit den Worten: „So ist das nicht mehr mein Schalke!"

„Und da war auf Schalke Ruhe“, ist Meier nach wie vor verblüfft. „Nur ein Satz von ihm hat genügt. Eine ganze Fangruppe, die völlig anderer Meinung war, gab Ruhe. Er hat Schalke wirklich verstanden. Er war der absolute Macher. Er hatte diese Hemdsärmeligkeit, allen Leuten das zu zeigen und zu dokumentieren.“

Muss Meier zweimal hinhören, als Assauer für eine Verpflichtung des Dortmunders Andy Möller bei ihm anfragt? „Ja, das war einer der größten Coups, die er gelandet hat.“

Huub Stevens ist ebenfalls verwundert, als ihm Assauer die Idee präsentiert. Doch der damals 32-jährige Spieler überzeugt Stevens im persönlichen Gespräch.

„Es war für ihn eine große Herausforderung. Er wollte unbedingt einmal mit Ebbe Sand und Emile Mpenza zusammenspielen. Er wollte mit beiden noch einmal die Freude und den Spaß als Fußballer erleben, dann habe ich direkt zu Rudi gesagt: ‚Den müssen wir holen!‘“

„Als Andy Möller kam, habe ich mir auch gedacht: ‚Oh, jetzt kommt die Zecke hier zu uns.‘ Ich kannte ihn ja auch als Gegenspieler“, drückt Jörg Böhme seine damaligen erheblichen Zweifel aus. Assauer verteidigt den Plan intern und extern. Als der Schalker Mannschaftsbus auf dem Weg ins Trainingslager nach Dänemark in Kopenhagen von Fans belagert und angehalten wird, steigt Assauer als Erster aus und beruhigt die aufgebrachte Menge. „Guckt nicht nach Dortmund, schaut euch die Qualität an. Das, was er uns bringen kann.“

In diese Phase fällt ein Fantalk, den Stadionsprecher Dirk Oberschulte-Beckmann moderieren soll: „Und da sagte Rudi zu mir: ‚Wir gehen da jetzt rein, wir ziehen nicht den Schwanz ein, wir zeigen uns. Egal wen wir verpflichtet haben.‘ Das war auch sein Charakter.“

Assauer sollte recht behalten, auf Schalke erlebt Möller einen zweiten Frühling und katapultiert den Klub ins Meisterrennen. „Dass er überhaupt auf diesen Gedanken kam, war unglaublich“, sagt Stevens heute.

Apropos Meisterrennen: Der 19. Mai 2001 spielt in Assauers Leben und in der Schalker Vereinshistorie eine entscheidende Rolle. Wir befinden uns im Fernduell zwischen Schalke und Bayern München. In Gelsenkirchen nehmen 65.000 Fans zeitgleich Abschied vom altehrwürdigen und ausgedienten Parkstadion und freuen sich auf das Bundesligafinale sowie den Umzug in die fertiggebaute „Arena AufSchalke“, die nur einen Steinwurf von der alten Spielstätte entfernt steht. Unterhaching ist zu Gast, während die Bayern auswärts beim Hamburger SV antreten. Schalke kämpft sich nach 0:2- und 2:3-Rückstand zurück und dreht die Partie. Beim Stand von 5:3 richten sich alle Blicke in den Fußballnorden. S04 hat die Hausaufgaben erledigt, jetzt muss der HSV Schützenhilfe leisten. Als Sergej Barbarez im Volksparkstadion tatsächlich in der 90. Minute zur 1:0-Führung für die Hanseaten trifft, wird die Nachricht mit ungläubiger Freude aufgenommen. In den Köpfen kreist ununterbrochen ein Gedanke umher: nur noch wenige Minuten durchhalten und die Chance auf den Titel endgültig ergreifen. Nach dem Last-Minute-Klassenerhalt in der Saison 1999/2000 hat Huub Stevens einen schweren Stand. Zeitungen bescheinigen ihm bereits das höchste Entlassungsrisiko für die neue Spielzeit. „Und dann spielst du so eine geile Saison“, sagt Jörg Böhme, damaliger Neuzugang, der im entscheidenden Match das Spiel mit zwei Toren dreht.

Rolf Fuhrmann, langjähriger Kultreporter des Fernsehsenders *Premiere*, ist an diesem Tag mittendrin statt nur dabei. Er kennt Assauer seit Jahren als Gesprächspartner in kurzen Talks vor und nach Spielen. „Ich glaube, dass erst Schalke die große Bühne war. Bremen nicht, auch Oldenburg nicht. Ich komme ja aus Ostfriesland, die Wahrnehmung war damals noch eine ganz andere.“ Assauers Art fällt vielen Außenstehenden noch nicht auf, vermutlich feilt er auch an seiner Wirkung. „Er ist bei Schalke dann schnell zum Medienprofi geworden, hat immer erwartet, dass man klare Fragen stellt, woraufhin er klar geantwortet hat. Bei anderen Interviewpartnern musste man erst einmal gucken, wie sie drauf sind, wie der Gesichtsausdruck ist. Das war bei Assauer nicht der Fall. Er war sehr professionell."

Fieldreporter „Rollo" hat an diesem Samstag einen In-Ear-Kopfhörer, der seine Verbindung zur Außenwelt ist. Auch wenn er nicht alle Bilder aus Hamburg sieht, ist er auf dem Laufenden. Der Kontakt zum Übertragungswagen wackelt, weswegen Fuhrmann sich auf Zurufe im Innenraum konzentriert. Als er aufschnappt, dass das Spiel in Hamburg abgepfiffen sei, trifft er eine fatale Entscheidung. Er kommuniziert im Interview mit Andreas Müller, dass Schalke nun Meister sei. „Es ist zu Ende in Hamburg." Grenzenloser Jubel, Ekstase, brechende Dämme, Schalker Glückseligkeit. Ein unbeschreibliches Gefühl des Triumphs. Der lange unterschätzte Fußballverein aus Gelsenkirchen-Schalke, der wenige Jahre zuvor den UEFA-Pokal in den „Pott" holte, ist nun auch in der Bundesliga eine Nummer.

Zeitgleich in Hamburg: Mathias Schober nimmt einen Ball auf, den Schiedsrichter Markus Merk als Rückpass auffasst. Merk entscheidet auf einen indirekten Freistoß im Sechzehnmeterraum. Im Parkstadion wird die Szene eingeblendet, die viele Fans als Wiederholung deuten. Doch es ist das Livebild. Auch für Stadionsprecher Dirk Oberschulte-Beckmann eine unübersichtliche Situation.

„Inzwischen hatten auch schon Fans den Rasen gestürmt. Sicherlich die Hälfte der Leute, die im Stadion waren. Unsere Beschallung war damals nicht in die Mitte des Stadions gerichtet, sondern nur auf alle Tribünen. Ich wusste sehr genau, dass das ein Livebild war, das wir sehen." Ärgerlich nur: Er kann es den Fans im Innenraum nicht mehr mitteilen. Rudi Assauer versucht, die Euphorie zu bremsen. „Er hat sich komplett zurückgenommen und alle gewarnt." Später brennt sich bei allen Schalkern ein: Wer zu früh feiert, feiert meistens umsonst. „Ich bin die Rolltreppe als Deutscher Meister hochgefahren", sagt Böhme. „Dann bin ich ins Trainerzimmer gegangen. Dort standen die Jungs alle um den Schreibtisch herum, was mich gewundert hat. Huub hatte im Büro aber einen Fernseher. Dann sehe ich die Grätsche von Tomáš Ujfaluši im Zweikampf mit Paulo Sérgio. Der Rückpass zu Schober. Das Ding wird gepfiffen. Dann habe ich erst für mich realisiert: ‚Verdammte Hacke, das Spiel ist noch gar nicht aus. Die spielen noch.' Dann bin ich zum Zeugwart Enrico Heil gegangen, weil ich das nicht mit ansehen konnte. Auf einmal habe ich es nur scheppern und knallen hören. Dann war mir klar: Die haben den Ball reingehauen. Und wir sind nicht Deutscher Meister."

Der Schwede Patrik Andersson schießt nach Zuspiel von Stefan Effenberg den Ball in die Maschen und trifft einerseits zum 1:1-Ausgleich und andererseits mit voller Wucht ins Schalker Herz.

Zumindest für vier Minuten und 38 Sekunden glaubt sich Schalke im Fußballhimmel, ehe Bayern nun die Schale weg- und Oliver Kahn die Hamburger Eckfahne ausreißt. Der qualvolle Titel „Meister der Herzen" wird geboren. Fuhrmann bezeichnet sich seitdem selbst als „Reporter der Schmerzen". Das Verhältnis zwischen ihm und Assauer bleibt professionell, aber einseitig angespannt.

„Ich glaube, dass er im Nachhinein immer noch sehr angefressen war, auch wenn er mir vielleicht nicht die Hauptschuld gegeben hat. Während viele andere eher darüber hinweggekommen sind, hat es ihn immer noch geärgert. Der Schock saß wohl letzten Endes zu tief."

Als Assauer in der Kabine Jörg Böhme umarmt, versucht er ihn aufzumuntern. „Manager, wir greifen nächstes Jahr wieder an."

„Er hat so fest zugedrückt. Da habe ich gedacht: Boah." Der Frust sitzt tief, geht durch Mark und Bein. „Eine Stunde nach dem Spiel hat er vermutlich gemerkt: ‚Ich muss vorangehen. Ich bin die schürende Kraft.' Daraufhin hat er noch einmal alle Spieler mit ihren Frauen zum Essen zusammengerufen. Er war wie kein anderer: ehrlich, charakterlich stark und fußballverrückt. Wir können alle stolz sein, dabei gewesen zu sein."

Zeitgleich in Hamburg ist *Premiere*-Kommentator Marcel Reif schon im Begriff, seine Sachen zu packen und in Richtung Flughafen zu fahren. „Dann sagt plötzlich jemand: ‚Guck mal!' Und ich dachte: ‚Was ist denn da los?' Dass man nicht Meister wird, kann ja passieren. Die Fallhöhe war das, was man nicht fassen konnte. Wie kann es sein, dass jemand im 21. Jahrhundert – ein paar Hundert Kilometer weiter südlich – es nicht merkt, dass alles, was er auf die Schalker Art, mit allem, was dazugehört, zu feiern beginnt, völlig daneben ist? Dann kommt natürlich Mitgefühl. Dann siehst du Assauer, dann hörst du alles. Und denkst: Um Gottes willen! Das musst du mal versuchen nachzufühlen. Das hätte das Assauer-Werk gekrönt. Deswegen tut mir das im Nachhinein immer noch leid. Ich habe ihn toll gefunden. Von der Sorte gibt es nicht viele."

Mehr als zwei Jahrzehnte später sitzt der Frust bei Huub Stevens, der sich beinahe Schalker Meistertrainer hätte nennen dürfen, nach wie vor tief. „Ich habe damals auch geweint. Speziell für Assi hätte ich gern die Meisterschale gewonnen, weil er das verdient hatte, wie er Schalke wiederaufgebaut hat. Es war sensationell, wie er den Verein wieder hochgezogen hat. Schalke hatte damals keinen Pfennig mehr, wirklich gar nichts. Und er hat es doch geschafft, den Verein ganz langsam da hinzubringen."

Fassen kann die Dramatik an jenem Samstag niemand. „20 Minuten nach dem Spiel habe ich alle Spieler zusammengerufen und in die Kabine geholt. Dann habe ich gesagt: ‚Jungens, das ist hart. Aber wir können immer noch einen Titel gewinnen.' Das war ein Scheißspiel, unglaublich. Dann habe ich ihnen zwei Tage freigegeben. Am Dienstag war die Truppe tot, richtig tot. Es war nicht einfach, sie wieder aufzubauen und auf das Spiel gegen Union Berlin vorzubereiten."

Eine Woche später treffen die Schalker im Mannschaftshotel ein, wollen am Tag vor dem Finale nachmittags einen Spaziergang machen. „Wir sind zehn Meter vors Hotel gegangen, dann ging gar nichts mehr. Das war eine blau-weiße Invasion", ist Jörg Böhme bis heute begeistert. Für Stevens ist er der entscheidende Spieler beim 2:0-Sieg gegen Union Berlin: „Jörg Böhme hat das Spiel für uns entschieden. Der Bekloppte hat seine Füße sprechen lassen. Unglaublich. Auf der Rückfahrt im Zug habe ich mir den Pokal angeguckt und mir gedacht: ‚Puh, was wäre, wenn wir auch noch Meister geworden wären?' Das hätte ich Rudi gegönnt, das noch zu erleben."

Für den heute 74-jährigen Fuhrmann bleibt Assauer eine der markanten Persönlichkeiten des Fußballs. „Ein Menschenfänger. Kompetent, eloquent, durchsetzungsstark. Er war ein Mensch wie du und ich. Auch Rudi Assauer hatte Schwächen, ob das meinetwegen der Alkohol war, das Rauchen oder die Frauengeschichten." Rudi Assauer flirtet gern, hat Liebhaberinnen, ist Lebemann und pflichtbewusster Familienmensch zugleich. Auch wenn an erster Stelle immer Schalke 04 steht. Damit einher geht seine tiefe Verbundenheit zu den Anhängern.

Viele Transfers werden auf kurzem Dienstweg eingetütet – oder zumindest besprochen, wenn sie nicht zustande kommen. 1994, erinnert sich Leverkusens Ex-Manager Reiner Calmund an eines seiner ersten intensiveren Telefonate mit Assauer, ist Schalke in besagter angespannter finanzieller Situation, während die Werkself unter dem Bayer-Kreuz bessere Voraussetzungen vorfindet.

„Da habe ich zum Hörer gegriffen und ihm gesagt: ‚Was wir jetzt machen, tut mir leid. Das mache ich nicht gerne. Ich bilde mir nichts darauf ein, dass wir ein paar Mark mehr in der Kasse haben.‘ Zu der Zeit musste Rudi gucken, dass er im Verein genug Geld fürs Waschpulver hat.“ Calmund sucht dringend einen defensiven Mittelfeldspieler und interessiert sich für Tom Dooley, der mit dem 1. FC Kaiserslautern 1990 Deutscher Pokalsieger und 1991 Deutscher Meister geworden ist. Viele Fans und Branchenkenner spekulieren: Wechselt der Lauterer Spieler nach Gelsenkirchen oder nach Leverkusen? „Calli“ möchte Assauer reinen Wein einschenken. „Das war mir dann ein Anliegen. Unmittelbar vor Beginn der Fußball-WM 1994 hat Tom Dooley in Los Angeles als Nationalspieler der USA mit seinem Berater Michael Becker bei Bayer Leverkusen einen Vertrag abgeschlossen. Wir haben das egoistisch, aber fair abgewickelt.“

Wie hat Assauer darauf reagiert? „Er hat sich nicht gefreut, hat keinen Beifall geklatscht, aber er hat das dann akzeptiert.“ Auch wenn er seine Enttäuschung nicht verbergen kann, ist er Calmund für seine offenen Worte dankbar. Beide können sich aufeinander verlassen. Keine Bluffs, ein Wettkampf um einen Spieler auf offener Bühne, der mit fairen Mitteln entschieden wird. Zur Saison 1996/97 verpflichtet Assauer den 36-jährigen Tom Dooley dann trotzdem noch für Schalke und gewinnt mit ihm den UEFA-Cup.

„Das war ein eckiger Kerl, aber mit einem ganz großen weichen Herzen. Wenn du alle Geschichten aufschreiben würdest, wie Rudi anderen Menschen geholfen hat, wäre das ein ganz dickes Buch.“ Dass Schalke die Lizenz erhält und Einnahmen in die Kasse sprudeln, ist Assauer zu verdanken. „Er hat echt malocht und ist zu vielen Firmen gefahren. Er hat sich nicht nur um den Fußball gekümmert, sondern auch um alles andere“, ist Calmund bis heute beeindruckt.

Kurz nach seinem Wechsel zu Borussia Dortmund in den 1960er-Jahren will Assauer noch einmal ein Spiel am Katzenbusch, seine alten Weggefährten sehen. Am Kassenhäuschen, in dem Willy Uhlenbruch sitzt, gibt es allerdings kein Durchkommen. Assauer soll zahlen, das bestätigt auch der herbeigerufene Erste Vorsitzende der Spielvereinigung Herten, Alfred Schäfer. Vergessen sind seine Verdienste um den Klub, die Ablösesumme von 50.000 DM und die Aufmerksamkeit, die dem Verein durch den Wechsel in die Bundesliga zuteilwird. „Natürlich kannst du jederzeit ein Spiel sehen, aber du musst dafür zahlen", gibt Schäfer ihm zu verstehen. Eine Begegnung und Entscheidung, die er auch Jahrzehnte später nicht vergessen haben wird. Schäfers Enkel Dirk Oberschulte-Beckmann wird 1994 Stadionsprecher des FC Schalke 04. Eine Quasi-Initiativbewerbung führt ihn zu den Knappen. Weil er sich bei Heimspielen langweilt, beschließt er, seinem Herzensverein einen Brief mit Vorschlägen für mehr Entertainment im Parkstadion zu schicken. Als er im persönlichen Gespräch gefragt wird, wer denn das Programm beleben könne, antwortet er mit: „Ich." Radiomoderator Oberschulte-Beckmann ist verpflichtet, sein erster Einsatz an der Seite von Stadionsprecher Bernd Scheffler wird ein Heimspiel gegen Freiburg sein.

Eines Tages wird er ins Büro von Assauer zitiert. Worum es geht, ahnt Oberschulte-Beckmann nicht. „Da ich selbst aus Herten komme und eine große Klappe habe, bin ich einfach hingegangen. Ich hatte genug Traute für so was." Assauer scheint sich in der Zwischenzeit über seinen freiberuflichen Mitarbeiter erkundigt zu haben. Den entscheidenden Tipp erhält er von seiner Schwester Karin, die Schäfer und dessen Enkel noch von früher kennt. Hinter seinem Schreibtisch sitzend und Zigarre rauchend blickt er ihn an:

„So, so. Du bist also der Enkel von diesem Alfred Schäfer, von dem Arschloch Schäfer!" Der „Quatscher", wie er sich selbst nennt, dreht sich nach der verbalen Attacke schnurstracks um und verlässt kommentarlos das Büro.

„Das war schon starker Tobak, weil mein Opa auch ein guter Mann war, ein großer Mann bei uns in der Familie. Sein Wort hatte Gewicht. Er war das Familienoberhaupt. Rudi wollte mich einfach provozieren, glaube ich. Er wollte gucken, wie tickt der ‚Quatscher', wie weit kann ich bei dem gehen, was ist das für ein Typ?"

Oberschulte-Beckmann traut sich, Assauer zu zeigen, dass er sich nicht nur an der Grenze des Akzeptablen bewegt, sondern sie eindeutig überschritten hat. Dieser Gegenstoß scheint ihm zu imponieren, denn Konsequenzen hat das Verhalten nicht. Im Gegenteil: Oberschulte-Beckmann bleibt Stadionsprecher, auch als er dafür sorgt, dass Assauer bei Vertragsgesprächen eine schlechtere Verhandlungsbasis hat. Als der Vertrag von Youri Mulder verlängert werden soll, startet Oberschulte-Beckmann aus einer Laune heraus im Parkstadion eine La-Ola-Welle. „Ich habe so flapsig gesagt: ‚Jedes Mal, wenn die La Ola einmal rundgeht durchs Stadion, gibt es ein Jahr Verlängerung für Youri Mulder.' Die La Ola ging dann so zehn-, zwölfmal rum."

Assauer bekommt die Abstimmung mit Füßen mit, geht wütend zu seinem Stadionsprecher.

„Er fragte mich: ‚Hast du nicht alle Tassen im Schrank?' Ich habe das erst gar nicht verstanden. Die Tatsache, dass ich das gemacht habe, fand er ganz unlustig. Am Abend hat er mir das noch einmal erklärt. Der ganze Verhandlungsdruck lag von nun an bei Schalke. Youri Mulder wurde durch diese Aktion sofort teurer."

In Bruchteilen von Sekunden registriert Assauer, dass sein Verhandlungsgeschick geforderter ist denn je.

„Da habe ich einfach aus dem Bauch heraus etwas gemacht, was einfach verkehrt war, was falsch war. Aber diese Weitsicht hatte ich ja nicht." Immer wieder wird es Provokationen geben, um seinen Charakter zu testen. Bei einem Journalisten-Fußballturnier wirft Assauer ihm den Ball an den Kopf. Als Oberschulte-Beckmann zur Eröffnung der 100. Veltins-Kneipe auf Mallorca mit einem Pumashirt auf Palma landet, verhört Assauer, der größte Verfechter des Schalke-Ausrüsters Adidas, ihn mit den Worten: „Hast du einen Dachschaden? Zieh sofort das Shirt aus!"

Im Vorfeld des Hinspiels im Euro-League-Viertelfinale bei Lewski Sofia sitzt Oberschulte-Beckmann Ende März 2006 mit Vertretern des Ehren- und Aufsichtsrats bei einem Glas Wein in der Sonne zusammen, sie kommen irgendwann auf das Thema Doppelmitgliedschaften zu sprechen. Ist es in Ordnung, dass Leute bei zwei Vereinen Mitglied sind? Seine Reaktion: „Ja klar. Das ist doch kein Problem. Rudi Assauer ist auch noch Mitglied bei Borussia Dortmund. Als ehemaliger Spieler, der dort den Europapokal gewonnen hat, völlig okay."

„Dass ich das am Tisch erwähnt habe, muss ihm dann jemand gesteckt haben. Er hat das dann so aufgefasst, als wollte ich eine Lunte legen." Auf dem Weg zum Flughafen sieht Assauer Oberschulte-Beckmann im Bus.

„Er war voller Adrenalin, baute sich vor mir auf und ich hatte das Gefühl, er wollte mir an den Hals. Als er dann meine Freundin Barbara neben mir gesehen hat, hat er sich noch einmal kurz zusammengerissen und ihr die Hand gegeben. ‚Guten Tag erst mal, Assauer mein Name.' Und dann erst in meine Richtung: ‚Wie kommst du darauf, im negativen Zusammenhang zu erwähnen, dass ich noch bei Borussia Dortmund Mitglied bin? Ich kann Mitglied sein, wo ich will!' Und nichts anderes hatte ich ja gesagt. Aber solche Situationen gab es immer wieder, in denen er sehr aufbrausend war."

Oberschulte-Beckmann ist nah dran, erlebt hautnah die Entwicklungen in seinem Verein mit, ist gewissermaßen zu nah dran, um die Situation komplett objektiv beurteilen zu können. Heute ordnet er Assauers Wirken als absoluten Gewinn ein:

„Ich hatte damals schon Respekt vor ihm. Aber die Tragweite, wie wichtig er war und wie weit er den FC Schalke 04 nach vorne gebracht hat mit glücklichem Händchen, mit seiner Philosophie Leute zu führen, das war großartig. Es war ein wundervoller Startschuss in eine erfolgreiche Zeit. Ich glaube, ohne ihn wären wir nie so weit gekommen. Schalke hat ihm viel zu verdanken. Er hat den Verein geformt, war das Gesicht des Vereins, was aus heutiger Sicht komplett fehlt."

Eine Einschätzung, die auch Marcel Reif teilt. „Der Klub wäre mit ihm nie in diese Situation geraten. Ständige Wechsel an wichtigen Positionen. Wenn ich ein Adjektiv wählen sollte: führungslos. Und das seit langer Zeit. Manchmal sitze ich so da und denke: Schalke braucht jemanden wie Assauer."

Dass Assauer in einigen Bereichen seiner Zeit voraus war, lässt ein Ausschnitt aus der Dokumentation „Warum halb vier?" erahnen. Auf technische Hilfsmittel und einen möglichen Videobeweis im Fußball angesprochen sagt er: „Der Schiedsrichter wird auf gut Deutsch gesagt enteiert. Die Leute lachen sich über ihn kaputt. Bei Spielunterbrechungen warten alle darauf: Was bringt jetzt die Wiederholung? Das ist die größte Katastrophe, die es gibt, denn dann brauchst du keinen Schiedsrichter mehr." Seiner Meinung nach werde vielen lebendigen Montagsdiskussionen in Schulen, an Arbeitsplätzen und in Betrieben die Grundlage entzogen. Gerade das mache den Reiz dieser Sportart, die ganze Generationen vereint, aus. Die tatsächliche Einführung des „Video Assistant Referee" – umgangssprachlich auch „Kölner Keller" genannt – in der Bundesligasaison 2017/18 wird Assauer nicht mehr bewusst erleben. Allerdings hat er die Problematik der Eingriffe von außen mehr als elf Jahre vorher erkannt und auf den Punkt gebracht.

Christoph Daum, Meister der Provokation, sportlicher Stimulation und Selbstvermarktung. Kaum jemand hat in der Bundesliga die Polarisierungsklaviatur so rauf- und runtergespielt wie Daum, der seine Spieler sogar über Scherben laufen lässt. Jemand, der schon immer das krasse Gegenteil eines biederen Versicherungsvertreters verkörpert – und ein leibhaftiger Motivationskünstler ist. Doch das sehen nicht alle so, zumindest nicht immer. „Christoph Daum ist ein Mann, dem ich nicht von der einen zur anderen Straßenseite glaube", sagt Assauer einmal. Als 1997 in einer Begegnung der Leverkusener Ulf Kirsten im Fünfmeterraum Schalke-Verteidiger Thomas Linke mit seinem Ellenbogen im Gesicht trifft und ihm den Kiefer prellt, ist Assauer auch außer sich. „Ey, hast du nicht mehr alle Tassen im Schrank, dass du Thomas Linke so umhaust?" Er fordert nach Abpfiff ein lebenslanges Spielverbot für den Übeltäter. Werkself-Trainer Christoph Daum holt zum Gegenschlag aus: „So, wie Sie früher Fußball gespielt haben, kann ich einiges erzählen. Machen Sie nicht meine Spieler an!"

Auch heute – mehr als 25 Jahre später – hat Daum die Szene bildlich noch klar vor Augen. „Rudi attackierte mich in einer Art und Weise, wo ich geantwortet habe: ‚Jetzt reicht's!' Ich wusste mir nicht anders zu helfen und habe dann noch hinterhergeschoben: ‚Wenn du nicht gleich die Fresse hältst, hau ich dir dermaßen eine rein, dass du deine Zigarre quer rauchen kannst.'"

Eine hitzige Konfrontation in den Katakomben, eine förmliche Explosion im verbalen Gefecht zweier Alphatiere. Die Atmosphäre hat sich ohnehin bereits seit Längerem hochgeschaukelt.

„Rudi hat während der Spiele Kommentare abgegeben. Und zwar ständig, zum Spielverhalten und zur Spielweise. Ich habe ihn gefragt: ‚Bist du eigentlich Trainer?' Es war extrem, wie er sich eingemischt hat. Mir war das too much, weil er auch Dinge vom Gegner kommentiert hat."

Natürlich waren seine Auslassungen gerade wegen ihrer Häufigkeit nervend und provozierend. Assauer hat sich aufgrund seiner Erfahrungen als Spieler und Trainer wahrscheinlich wirklich dazu berufen gefühlt. Die Fachkompetenz, die heutzutage vielen Funktionären in Aufsichtsräten oder sonstigen Gremien abgesprochen wird, besitzt Assauer zweifelsfrei, dazu ein Gemüt in dauerhafter Habachtstellung. Die Kamerateams erfreuen sich dieser Szenen und zeichnen die Rufe dankend auf. Von langer Dauer sind die Streitigkeiten indes nicht. „Das waren heftige Auseinandersetzungen, die wir hatten. Eine Woche später, als ich in Gelsenkirchen zur Spielbeobachtung war, haben wir uns getroffen – aber auf einmal war wieder alles in Ordnung, als wäre nie was gewesen."

Daum bemerkt, wie sich der Umgang mit Konflikten wandelt, Interviewaussagen austauschbarer und Sätze gleichgültiger werden. Vor allem seine Spitzen und Assauers Aktionen hätten heutzutage eine andere Form der Aufmerksamkeit erlangt. „Früher hast du frei von der Leber gesprochen und nicht nachgedacht: Ist es jetzt sinnvoll, was ich sage. Du hast aus der Emotion heraus gesprochen. Ich weiß nicht, wie das heute ausgehen würde. Das wäre ja ein permanenter Shitstorm gewesen. Heute wird vieles drei- oder viermal durch irgendwelche Mediendirektoren gefiltert und gereinigt."

Einige Jahre später ist die Wut vollends verraucht, fast vergessen. Rudi Assauer kann sich eine Verpflichtung von Christoph Daum als Trainer vorstellen. Nach dem Abgang von Jahrhunderttrainer Huub Stevens zu Hertha BSC und dem missglückten Trainer-Experiment mit Frank Neubarth sowie der Interimsmission mit Spielertrainer Marc Wilmots muss die nächste Trainerverpflichtung sitzen, der Übungsleiter muss einschlagen. „Die einvernehmliche Trennung von Frank Neubarth ist erfolgt, nachdem ich gesagt habe, wir machen nicht weiter", wird der Ex-Profi von Werder Bremen nach nicht mal einer Spielzeit von Assauer abgespeist.

Gespräche mit dem strengen Disziplinfanatiker Louis van Gaal verlaufen im Sande. Daum, noch bei Austria Wien unter

Vertrag, könnte neue Impulse setzen, sich vielleicht für eine neue königsblaue Ära verantwortlich zeichnen, denken sich Assauer und sein Assistent Andreas Müller. Letzterer nimmt Gespräche mit Daum auf, die in der Folge vertraut und gut verlaufen. Daum und Müller werden sich mündlich einig. Assauer bringt in einem weiteren Telefonat auch seine Wertschätzung zum Ausdruck. Nun müssten sie sich nur noch zu einem finalen persönlichen Gespräch treffen. „Rudi war ein Chamäleon. Er konnte unheimlich viele Positionen einnehmen und sie auch glaubwürdig vertreten. Ich glaube, er konnte nur getoppt werden von Franz Beckenbauer."

„Ich komm zu dir nach Wien."

„Rudi, das ist keine gute Idee. Sobald du in Schwechat landest, ist das in Deutschland überall zu lesen. Assauer in Wien. Warum ist der da? Bestimmt nicht wegen der Oper oder dem Schauspielhaus. Da kann sich jeder ausrechnen, warum du hier in Wien bist. Wir machen das Gespräch lieber in Bratislava. Da gibt's auch Direktflüge hin."

„Okay, überleg ich mir."

Eine Stunde dauert das angeregte Telefonat, in dem sie alle wichtigen Punkte noch einmal besprechen. Eine Bedingung: Die Kokainaffäre, deretwegen Daum doch nicht Bundestrainer werden konnte, spielt keine Rolle. Am 21. Oktober 2000, knapp drei Jahre zuvor, wurde er positiv auf Kokain getestet und flüchtete damals in die USA. „Das Gespräch war sehr konkret, sehr wohlwollend und positiv."

Kurze Zeit später äußert sich Assauer vor Journalisten: „Ob ich Daum verpflichte, weiß ich noch nicht. Wer garantiert mir, dass er nicht wieder schnupft?"

„Daraufhin habe ich Andreas Müller angerufen. ‚Kannst du vergessen. Das ist für mich ein No-Go!' Ich war enttäuscht, weil so etwas keine Basis der Zusammenarbeit ist."

Eine hoffnungsvolle Kombination kommt nicht zustande. Assauers unüberlegter Spruch zerstört mit einem Schlag die gut verlaufenden Verhandlungen. Ein Satz, der sich zwar gut zitieren lässt und die Gazettenschreiber unterhält, entwickelt sich zum Dolchstoß für Daum. Seine Rückkehr nach Deutschland verzögert sich noch einmal. Als sich Schalke und Daums neuer Verein Fenerbahçe Istanbul 2005 in einem Champions-League-Spiel begegnen, treffen auch Assauer und Daum aufeinander. Allerdings nur in der Theorie. Vor Ort würdigen sie sich keines Blickes, es gibt keinen Handschlag, sie gehen sich aus dem Weg. Schalke gewinnt an diesem Novemberabend mit 2:0. Auf Assauer angesprochen platzt Daum in einem Interview sogar der Kragen: „Immer der gleiche Scheiß. Ich habe mich immer korrekt gegenüber Assauer verhalten, aber der hat mich verarscht. Wer ist überhaupt Assauer?" Dessen Antwort für „seinen besten türkischen Freund" lässt nicht lange auf sich warten: „Wer ist eigentlich Christoph Daum?"

Dass sie sich bewusst aus dem Weg gegangen sind, kann Daum heute nicht bestätigen. „Aber wir haben den Kontakt auch nicht gesucht. Das ist richtig."

Ein paar Jahre vergehen, inzwischen ist Assauer nicht mehr als Manager tätig und startet mit dem Talkformat „Sach et Rudi" eine kleine Fernsehkarriere. Mit einem Kamerateam im Schlepptau besucht er seinen Bundesliga-Kontrahenten Christoph Daum an einem lauen Frühlingsabend zu Hause in Köln. Es ist Freitag, der 27. April 2007. Schalke kämpft um die Meisterschaft und ist zur selben Zeit im Ruhrstadion beim VfL Bochum zu Gast.

„Ach, Christoph!", sagt Assauer unvermittelt in der Unterhaltung. „Vergiss das doch alles. Das gehörte damals mit dazu. Ich hab immer geschätzt, was du gemacht hast!"

Daum muss schlucken. Mit dieser klaren Aussage hat er nicht gerechnet. Im Laufe des Abends merkt er, wie eine jahrelange On-off-Fehde einen versöhnlichen Abschluss findet.

„Das war damals nicht der Gentleman-Assauer."

„Ja, ja. Ich weiß. Ich habe oft überzogen."

In Daums Worten schwingt heute eine gewisse Freude mit. „Wir hatten ein wunderschönes Gespräch, auch als die Kameras längst aus waren. Ich hatte auf einmal das Gefühl, wir wären lebenslang die dicksten, engsten, besten Freunde gewesen." Das passt ohnehin zu Daums Selbstverständnis: „So heftig ich mich über eine Sache geärgert habe, so heftig habe ich dann auch wieder vergeben. Schwamm drüber."

Ein wenig getrübt wird die Stimmung lediglich vom Fußballspiel, das im Fernsehen läuft. Schalke geht zwar bereits nach acht Minuten durch einen Treffer von Kevin Kurányi in Führung, unterliegt jedoch nach Toren von Zvjezdan Misimović und Theofanis Gekas den cleveren Bochumern mit 1:2. Der Reviernachbar spuckt ordentlich in die Suppe. Diese Begegnung vier Spieltage vor Schluss wird ein Vorbote der knapp verpassten Meisterschaft sein. Doch darum soll es an jenem Abend in Daums Garten nicht gehen. Er und Assauer stoßen symbolisch an und reichen sich die Hand.

Mit Jahren des Abstands zieht Christoph Daum ein sehr sentimentales Fazit. „Rudi hatte einen Verhaltenskodex. Er hat nicht nur Verträge gemacht, sondern auch Werte vermittelt. Wenn einer wertemäßig nicht zu dieser Kumpelcharakteristik passte, hatte er bei Rudi keine Chance. Das spielt heute keine Rolle mehr. Da werden die ganzen Fakten herangezogen: Wie viele Tore macht er? Wie schnell ist er? Wie viele Zweikämpfe gewinnt er? Doch Rudi hat immer noch geguckt: Was ist das überhaupt für ein Typ? Rudi lernte ich als einen Menschen der Extreme kennen. Extrem angriffslustig, extrem gesellig, extrem eitel, extrem solidarisch, extremer Feind, extremer Freund. Rudi beherrschte alle Register. Dabei stand der Erfolg von Schalke 04 im Speziellen und des deutschen Fußballs im Allgemeinen immer im Mittelpunkt seines Handelns. Oft habe ich seine Attacken heftig erwidert und dabei waren wir im Herzen durch unsere Liebe zum Fußball vereint." Daum gießt seine Lobrede zum Schluss in eine besonders amüsante Form: „Er hat auf den

Zusammenhalt der Schalker Familie unheimlich Wert gelegt und ihn vorgelebt. Das ist ja das Besondere, es nicht nur einzufordern, sondern mit Leben zu füllen. Er hat also nicht nur Wein gepredigt, sondern ihn auch selber getrunken."

Wenn Assauer austeilt, macht er vor niemandem halt. Wir schreiben das Jahr 2000. Mario Monti, seines Zeichens EU-Kommissar und später italienischer Ministerpräsident, kommt mit einem für viele unverschämten Anliegen nach Deutschland. Er möchte die Vertragslaufzeiten von Profifußballern innerhalb der EU verkürzen. Ihm schwebt sogar eine Verkürzung auf ein Jahr vor, um seinen italienischen Vereinen, die die höchsten Gehälter zahlen, einen Wettbewerbsvorteil zu verschaffen.

„Wir haben uns daraufhin bei Bundeskanzler Gerhard Schröder getroffen, in seinem provisorischen Amts- und Wohnsitz in Berlin-Grunewald", erinnert sich der langjährige Leverkusen-Manager Reiner Calmund. Calmund, der im November 2023 seinen 75. Geburtstag feierte, prägt die Werkself wie kein Zweiter, ist von 1976 bis 2004 ununterbrochen im Amt und erringt mit dem UEFA-Cup-Gewinn 1988 unter Trainer Erich Ribbeck und dem DFB-Pokalsieg 1993 dank Siegtorschütze Ulf Kirsten die größten Vereinserfolge. Bei dem Treffen mit Schröder sitzt er unter anderem mit DFB-Präsident Gerhard Meyer-Vorfelder, Vizepräsident Wilfried Straub, Karl-Heinz Rummenigge, Uli Hoeneß und Rudi Assauer zusammen, als Monti lospoltert. Doch Schröder unterstützt die Bundesligavereine und der italienische Politiker blitzt unverrichteter Dinge ab. Im Anschluss, in lockerer Atmosphäre bei ein paar Gläsern Wein, sagt Assauer: „Gerd, ich bin politisch eigentlich Schwarz und kann euch rote Socken nicht leiden. Aber du und der Clement, ihr seid schwer in Ordnung."

Eine kleine Liebeserklärung, die mit großer Wahrscheinlichkeit in der 115 Millionen Euro dotierten Landesbürgschaft begründet ist, die SPD-Mann Wolfgang Clement, späterer Wirtschafts- und Arbeitsminister im Kabinett Schröder II, als NRW-Ministerpräsident für den Bau der Arena AufSchalke zugesagt hat. Das Land bürgt damals für den Kredit. Inzwischen ist die Finanzierung erledigt. Im Fußball übrigens kein ungewöhnlicher Vorgang, auch Borussia Dortmund erhält Bürgschaften für den Bau des Westfalenstadions.

Der Kanzler und Assauer gönnen sich nach den erfolgreichen Verhandlungen jeweils eine Zigarre, als Schröder sagt: „Du musst mal eine von meinen Cohibas rauchen. Das ist die beste Zigarre der Welt."

„Ich bleibe lieber bei meinen Davidoff. Die sind viel besser."

Eine Stunde später, bei der nächsten Zigarre, versucht es der Kanzler noch einmal: „Komm, nimm eine von meinen, die sind Weltklasse!"

„Nein, ich habe Angst."

„Warum denn das?"

Assauer entgegnet: „Ich habe Angst davor, dass ich dann genau so lispele wie du."

Der Junge vom Hertener Katzenbusch duzt den Bundeskanzler. Eine Schmerzfreiheit, die er von Kindesbeinen an erlernt und hier auf die Spitze treibt.

Reiner Calmund erzählt diese Anekdote mit Vergnügen. Er fragt Schröder sogar, ob er diesen fast privaten Wortwechsel wiedergeben darf. Der Altkanzler willigt ein. „Calli" kann bis heute nicht glauben, was er an diesem Abend in Berlin hört. „Das haut Rudi einfach raus. Beim Bundeskanzler, in dem Amt! Die Geschichte sollte ich ihm danach auch immer wieder erzählen, er hat sie gern gehört."

Dass Assauer vor Institutionen und weisungsbefugten Organisationen generell nicht besonders ehrfürchtig war, unterstreicht eine Begebenheit aus dem Jahr 2005. Einen Tag nach der 0:3-Niederlage der Schalker in Stuttgart besucht er am 10. April im baden-württembergischen Renningen die Kommunion seines Patenkindes Jana, der Nichte seiner langjährigen Partnerin Beate Schneider. Nach der Familienfeier macht er sich auf den Heimweg und trifft unter Zeitdruck auf dem Stuttgarter Flughafen eine sehr teure Entscheidung. Am Abfluggate verpasst er das Boarding. Doch der Terminkalender lässt keine andere Reiseoption zu. Am darauffolgenden Montag muss er wieder im Büro sitzen. Was also tun? Assauer sieht einen großen roten Knopf an einer Brandschutztür – einen Notrufknopf. Wohl die einzige Chance, den Flughafenbetrieb aufzuhalten. Ohne groß zu überlegen betätigt er ihn und versucht anschließend sogar, die Brandschutztür zu öffnen, um zur Maschine zu laufen. Ein interner Alarm wird ausgelöst, der Bundesgrenzschutz und die Polizei rücken an. Die schlechte Nachricht: Die Staatsanwaltschaft nimmt Ermittlungen auf, eine Rechnung von mehreren Zehntausend Euro wegen „Notrufmissbrauchs" flattert ins Haus. Die gute Nachricht: Er hat den Flieger nach Düsseldorf noch erreicht.

Szenenwechsel: Rudi Assauer und Otto Rehhagel spazieren über die Laufbahn des Solinger Stadions am Hermann-Löns-Weg. Sie unterhalten sich über den 33. Spieltag, der nun ansteht. Es ist frisch an diesem Samstag, dem 4. April 1981. Ihre Kleiderwahl auch deswegen: einheitlich. Beide tragen einen hellen Trenchcoat. Gleich treffen in der 2. Bundesliga Union Solingen und Werder Bremen aufeinander. „Es waren lange Trenchcoats. Sie sahen aus wie Inspektor Columbo", schmunzelt Ulli Potofski Jahrzehnte später. Seit über 50 Jahren ist Potofski in der Medienwelt zu Hause. 1952 im Gelsenkirchener Stadtteil Schalke zur Welt gekommen, wird er Zeitzeuge der letzten königsblauen Meisterschaft im Jahr 1958. Er arbeitet zunächst als Koch, Schlagersänger, Puppenspieler und Moderator im Hörfunk. 1970 heuert er unter Frank Elstner bei *Radio Luxemburg* an, startet ab 1979 für den *WDR* seine Sportreporterkarriere als Fußballkommentator. In dieser Zeit begegnet er

Rudi Assauer bei besagter Partie in Solingen das erste Mal persönlich. Er benötigt für seine Liveübertragung noch letzte Informationen der sportlich Verantwortlichen. Bremen steht zu dem Zeitpunkt kurz vor dem Aufstieg in die erste Liga. „Assauer und Rehhagel kamen mir entgegen. Ich habe mich brav vorgestellt, sah mit meinen Locken auch etwas wüst aus. Deswegen erntete ich etwas mitleidige Blicke nach dem Motto: ‚Na gut, jetzt bleiben wir mal kurz stehen, reden fünf Minuten mit dem über das bevorstehende Spiel, aber den sehen wir nie wieder.' Das war mein erster Kontakt zu Assauer." Doch bei dem einen Treffen sollte es nicht bleiben. „Ich weiß, dass ich als junger Journalist und Anfänger mit großer Hochachtung vor Rehhagel und Assauer stand." Bremen gewinnt das Spiel vor 8.000 Zuschauern mit 4:2. In die Torschützenliste tragen sich unter anderem Erwin Kostedde und Norbert Meier ein. Als Potofski drei Jahre später zu *RTLplus* nach Luxemburg wechselt und die Sendung „Anpfiff" moderiert, hat er keinen Kontakt zu Assauer. Erst viel später wird er umso intensiver. Es ist die Zeit nach dem UEFA-Cup-Sieg. Im *Deutschen Sportfernsehen (DSF)* wird eine Sendung aus dem Boden gestampft, die einzig und allein einem Fußballverein gewidmet ist: „Auf Schalke". In einer internen Besprechung, in der es neben Inhalten um die Moderation geht, sagt Assauer: „Fragt doch mal den Potofski", was allen voran mit seiner Herkunft zu tun haben muss. Die Sendung soll Schalke-like präsentiert werden, weswegen die Wahl schlüssig erscheint. Potofski, der zu dieser Zeit bei *RTL* fest angestellt ist, erhält sogar problemlos die Freigabe seines Arbeitgebers.

„Von nun ab habe ich Assauer sehr oft getroffen, in allen möglichen Situationen. Normalerweise hat er ‚Ulli' zu mir gesagt. Wir haben uns, wie es unter Schalkern üblich ist, geduzt. Doch das war immer lustig, wenn er in der Sendung zu Gast war und ich mal kritische Fragen gestellt habe. Dann sagte er nur: ‚Potofski' – in einem sehr abfälligen, genervten Ton. Er wollte mir dann die Welt erklären. Das war die Assauer-Attitüde." Die große Nähe und gleichzeitige journalistische Distanz haben das Format ausgezeichnet. Honig ums Maul schmieren ist weniger die Intention der Sendungsmacher, als ganz simpel auf Schalke bei Spielen, Spielern und Transfers genauer hinzuschauen. „Wir hatten alle journalistischen Freiheiten, die wir auch komplett genutzt haben. Nach den Sendungen saßen wir oft eine oder zwei Stunden zusammen und haben über Gott und die Welt gesprochen, nicht nur über Fußball." Potofski lernt eine andere Seite kennen. „In der Zeit hatten wir immer mal wieder auch private Kontakte."

Assauer ist ohnehin gern gesehener und meinungsstarker Gast in Talkshows, vor allem in Fußballstammtischen wie dem „Doppelpass", dem Allzeit-Quotenrenner im *DSF*. Auch in der „Johannes B. Kerner Show", in Reinhold Beckmanns „Late-Night-Talk" oder bei Frank Elstners „Menschen der Woche" ist er redefreudiger Gesprächspartner. Besonderen Eindruck hinterlässt er jedoch als Gast in der angesprochenen Sendung „Auf Schalke", allerdings bevor die Scheinwerfer angehen. Auch wenn der Titel es anders vermuten lässt: Die Schalke-Sendung wurde ausgerechnet auf dem Terrain des rivalisierenden Ruhrgebietsklubs produziert – in Dortmund. „Das war immer lustig. Sonntagmorgens standen 150 oder 200 Schalker auf dem Marktplatz in Hörde. Sie kamen mit Trikots, Fahnen, Pauken und Trompeten dorthin. Das waren Hardcore-Schalker. Die Dortmunder haben sich auch gedacht: ‚Was ist das für ein Volk?'", lacht Potofski.

Zum Team der Techniker gehört damals Peter Jürgens. Eines Tages sitzt Assauer vor der Aufzeichnung in der Maske und zündet sich eine Zigarre an. Als ihn Jürgens darauf hinweist, dass Rauchmelder an den Decken installiert seien und bald losschrillen könnten, bringt die Hektik den Manager nicht aus der Ruhe. Er winkt ab. Wenige Augenblicke später: Alarm. Es sind die Rauchmelder. Ein großer und kostspieliger Rettungseinsatz wird ausgelöst, die Entourage evakuiert, mehrere Feuerwehrautos parken vor dem Studio. Nur Assauer bleibt seelenruhig sitzen und raucht unbeirrt weiter. Als ihn Feuerwehrleute aufsuchen, sagt er schelmisch: „Tja, wie mache ich das wieder gut? Mit Schalke-Karten brauche ich euch in Dortmund ja nicht zu kommen."

„Er hat sich nichts verbieten lassen. Auch nicht während der Sendung, er hat durchgehend gepafft", sagt Potofski. Der Rauchmeldervorfall von Dortmund muss sich daraufhin in den Sendestudios der Republik herumgesprochen haben. Gästebetreuer der Politsendung „Hart aber fair" wurden seither vor dem rauchfreudigen und nicht immer regelkonformen Gast gewarnt. „Achtung, wenn Assauer kommt. Er raucht auch in der Maske!" Melanie Wolfram, die Anfang der 2000er-Jahre zum „Hart aber fair"-Gästeteam gehört, erinnert sich: „Ich habe ihm gesagt, dass wir auf ihn aufpassen sollten. Seine Antwort war nur: ‚Ich muss doch gar nicht immer rauchen.'"

Im Vorfeld des DFB-Pokalfinals 2002, das Schalke gegen Bayer Leverkusen bestritt, sagt Assauer zu Potofski: „Pass auf, du kommst jetzt mit nach Berlin. Du fliegst mit der Mannschaft, du fliegst auch zurück mit uns. Egal was im Finale passiert: Wir machen im Steigenberger ein großes Bankett. Und du moderierst das dann da."

Schalke gewinnt die Partie mit 4:2 und sichert sich den Pokal zum zweiten Mal in Folge. Auf dem anschließenden Bankett steht ein Mann auf der Bühne und führt lautstark, gut gelaunt und souverän durch den Abend. Doch es ist nicht Ulli Potofski, sondern Rudi Assauer.

„Assauer hat angefangen zu moderieren und er ging nicht mehr von der Bühne runter. Ich habe an dem Abend nicht ein Wort moderiert. Nicht ein Wort! Er hat alle Spieler einzeln auf die Bühne geholt, zwei Stunden alle geherzt und geküsst. Es gab in dem Moment keinen besseren Moderator als ihn!" Auch Huub Stevens wird bei dieser Spontanzeremonie von Assauer tränenreich verabschiedet. „Es tut so weh“, sind seine Worte. Er weint bitterlich.

„Es war schön, von Berlin aus als Pokalsieger zurückzufliegen“, blickt Potofski auch mit einer gewissen Wehmut zurück. „Wir sind in Münster gelandet und wurden von 5.000 Schalkern empfangen. Später waren 200.000 in Gelsenkirchen auf den Beinen. Das Geld habe ich übrigens trotzdem bekommen, ein kleinerer vierstelliger Betrag. Den haben wir per Handschlag ausgemacht.“

Bei den anschließenden Feierlichkeiten wird Goldschmied Wilhelm Nagel entsetzt vor dem Fernseher sitzen und seinen Augen nicht trauen. Er hat schon eine Vorahnung, dass gleich etwas passieren wird. Der wertvolle goldene Pokal, den er 1964 im Auftrag des DFB erschaffen hat, wird von Assauer, der auf einem rollenden blau-weißen Partywagen unterwegs ist, fallengelassen. Er ist verbeult, komplett schief und hat einige Edelsteine verloren. „Mit Rudi Assauer will ich nie mehr reden“, ereifert sich Nagel gegenüber der *Frankfurter Allgemeinen Zeitung*. „Als ich den Pokal das erste Mal gesehen habe, musste ich weinen.“

Mehr als 700 Stunden innerhalb von fünf Monaten dauert Nagels Reparatur, die am Ende stolze 34.000 Euro kostet. Übeltäter Assauer übernimmt die Rechnung, wie zu erwarten nicht ohne neue Drohung: „Wenn wir den Pott erneut gewinnen, haben wir die Möglichkeit, ihn wieder kaputt zu hauen. Den geraden Pokal wollen die Fans bei uns im Museum sowieso nicht sehen.“ Nagel wird ihm seinen Fauxpas bis ans Lebensende nicht verzeihen. In einem *11 Freunde*-Interview sagt der im März 2014 verstorbene Nagel noch 2011: „Sieht man das eigene Werk so missbraucht, blutet einem das Herz. Assauer hat jedenfalls bewiesen, dass auch er gar keinen Sinn für den Pokal als wertiges Objekt hat.“

Potofskis fußballerische Fähigkeiten werden eines Tages in Assauers Blickfeld geraten – und zwar in einem sehr schmerzhaften Kontext. Rund um das münsterländische Hotel Weissenburg in Billerbeck findet alljährlich vor Weihnachten ein Kleinturnier statt, an dem Pressevertreter und Sponsoren in zehn Teams gegeneinander antreten. Assauer spielt ebenfalls mit. „Er hat immer dafür gesorgt, dass er selbst gewinnt."

Auf der abendlichen Siegerehrung schnappt sich Assauer das Mikrofon und sagt: „Jetzt wollen wir einen Teilnehmer noch einmal ganz besonders ehren – und zwar den schlechtesten Spieler des heutigen Abends. Und das war: Ulli Potofski!" Den Namen betont er dabei extra lautstark. Szenenapplaus und Stimmung. Was Assauer nicht wissen kann: Potofski plagt eine hartnäckige Neurodermitis unter den Fußsohlen. Seine Socken sind voller Blut. „Das sagst du ja keinem. Ich war bekloppt genug, trotzdem Fußball zu spielen. Dass ich der Schlechteste war, lag sicherlich nicht nur daran, aber auch daran", feixt Potofski. Ob er ihm diesen Scherz krummnimmt?

„Nein, überhaupt nicht. Ich war derjenige, der am lautesten gelacht hat."

Auf einer Fahrt zu einem alljährlichen Fanklubtreffen sitzt Ingo Anderbrügge mit einem weiteren Mitspieler auf der Rückbank, während Rudi Assauer auf dem Beifahrersitz Platz nimmt. Er zündet sich genüsslich eine Zigarre an und pafft. Die Sicht im Wagen wird immer trüber, Rauchwolken vernebeln die Sicht, die Luft wird stickiger. Nach 20 Minuten traut sich Anderbrügge zu fragen, ob Assauer das Fenster öffnen könne. „Dann hat er den elektrischen Fensterheber eine Sekunde nach unten gedrückt und in der nächsten Sekunde wieder nach oben. ‚So, Jungs. Das muss reichen. Ihr spielt ja Samstag nicht.'" Was sich wie ein Spaß anhört, meint er ernst. Die Spieler sollen die Widrigkeiten wegstecken können. Und nicht nur im Auto. „Wenn du manchmal in sein Büro kamst, war die Klimaanlage auf 16 Grad gestellt. Arschkalt. Er hat den Rauch mit der Klimaanlage wegpusten wollen. Aber man hat ihn ehrlicherweise – ich übertreibe nicht – vor lauter Rauch gar nicht gesehen."

Der glühende „Aficionado" Rudi Assauer, wie routinierte Raucher genannt werden, erhält am 14. September 2007 in der Davidoff Lounge der Münchner „Allianz Arena" von Davidoff-Chef Reto Cina den Titel „Botschafter des kultivierten Rauchgenusses", weil er keine Gelegenheit auslässt, seine heißgeliebte Zigarre zu paffen. Im Büro, auf Veranstaltungen, auf dem Trainingsplatz, im Stadion, im Zug, im Auto und sogar in der Sauna. Bis an sein Lebensende erhält er seine Zigarren kostenlos, lässt seinen Humidor, das Holzschränkchen mit Luftbefeuchter, in dem sie fachgerecht aufbewahrt werden, immer wieder auffüllen. Er ist dabei genauso auf Temperatur wie sein glimmender Stumpen. Am 18. August 2001, während des ersten Bundesligaspiels in der neuen Arena gegen Bayer Leverkusen, ein 3:3 vor 60.204 Zuschauern, rennt er sogar mit Zigarre im Mund auf den Platz, um ein Gerangel zu beenden. Schiedsrichter Alfons Berg zeigt ihm daraufhin in der 32. Minute die rote Karte. Er könne nun auf der Tribüne weiterrauchen.

Auch in seinem Büro geht es mitunter heiß her – und das im wahrsten Wortsinn. Als er mal wieder eine lebendige Diskussion mit seiner Sekretärin Sabine Söldner führt, die er immer um ihre Meinung bittet, die aber selten deckungsgleich zu seiner ist, passiert es. Es entflammt eine lodernde Debatte über die Vertragsverlängerung von Jugendspielern. Assauer geht einen Schritt auf sie zu, während sie ihm entgegenkommt. „Irgendwann hat er mir dann mit seiner Zigarre, die vor lauter Hektik in seinem Mund hin und her wabbelte, während er mich beschimpfte, meine Nasenspitze verbrannt. Ich habe da eine Wunde gehabt und die tat richtig weh."

Das Brandmalheur der verwundeten Söldner ist dem verwunderten Assauer unangenehm und peinlich.

„Söldner'sche, das wollte ich nicht. Wie ist das denn passiert?"

„Ganz einfach. Weil Sie nie auf mich hören. Sie fragen mich etwas, von dem ich offensichtlich keine Ahnung habe, dann antworte ich und das ist dann auch nicht richtig. Wir fangen an zu diskutieren und ich habe eine verbrannte Nasenspitze. Ganz toll."

Die lautstarken Differenzen der Hitzköpfe Söldner und Assauer eskalieren häufig und münden in mehrfachen Kündigungen. „Entweder habe ich gekündigt und habe gesagt: ‚Ich komme nicht mehr', oder er hat mir gekündigt. ‚Nimm deine Tasche, hau ab, ich will dich nicht mehr sehen.' Dann bin ich gegangen und eine halbe Stunde später stand er wieder an meinem Schreibtisch und hat mich gesucht: ‚Wo ist denn die Gazelle? Ist die denn wahnsinnig? Ruft sie an, sie soll sofort zurückkommen. Ist die denn bescheuert?'"

Söldner fängt schon 1979 – auf eher unfreiwillige Empfehlung ihres Onkels, Schalke-Legende Karl-Heinz „Charly" Neumann – auf der Geschäftsstelle an. Ein Handschlag mit dem damaligen Präsidenten Günter „Oskar" Siebert begründet ein jahrzehntelanges Arbeitsverhältnis. Ohne Vertrag. Sie setzt an Spieltagen die Spielberichtsbögen auf, unterstützt kurzfristig die Organisation eines internationalen Turniers anlässlich des 75. Vereinsgeburtstags am 3. August 1979 mit Benfica Lissabon, Feyenoord Rotterdam und dem FC Liverpool, prüft die Abrechnungen der Vorverkaufsstellen. Unter Assauer erledigt sie die komplette Bürokratie, setzt Verträge auf, plant Hotelübernachtungen und Reisen der Profimannschaft. Als Söldners Tochter Maileen immer häufiger die Abwesenheit ihrer Mutter bemängelt, steht ausgerechnet eine Dienstreise an.

„Der Chef hat mir gesagt: ‚Nimm mal deine kleine Schreibmaschine mit und komm, wir fahren über Land.' Wir mussten verreisen und einen Vertrag aufsetzen. Unterwegs sage ich ihm:

‚Chef, eigentlich bin ich ja nur eine Halbtagskraft. Wie machen wir das? Ich bin schon wieder von zu Hause weg und die Kröte ruft.'

‚Ist doch alles geregelt. Halber Tag heißt: zwölf Stunden arbeiten, zwölf Stunden ausruhen. Oder meintest du jetzt was anderes?'"

Söldner meint natürlich etwas anderes, aber das Tempo und das Pensum wird Assauer auch in den Folgejahren unter dem Ausruf „Arschbacken zusammen und durch" dauerhaft vorgeben. Er gönnt sich selbst kaum Urlaub. Und wenn, ist er in Reichweite. Das ist bei Söldner anders. Sie darf immer Urlaub einreichen, auch in arbeitsintensiven Phasen. Allerdings muss sie im Anschluss an die erholsame Zeit tagelang Spott über sich ergehen lassen. „Na, hast du schön mit dem Stringtanga faul am Meer in der Sonne gelegen? Ach, ein String mit dem Arsch wie ein Brauereipferd passt doch gar nicht."

Einmal, als Söldner ihm unvermittelt eine ausgedruckte Grußbotschaft – eine Montage eines String tragenden Nashorns mit den Worten „Da soll mal einer sagen, ich hätte keinen knackigen Arsch. Und Stringtanga trage ich auch. Gruß, Gazelle" – ins Büro legt, staunt sie nicht schlecht, als der Zettel irgendwann wieder auf ihrem Schreibtisch landet. Assauer hat handschriftlich vermerkt:

„Habe selten einen so prallen und wunderschönen Arsch gesehen! Glückwunsch Gazelle im Übrigen für den Super-Stringtanga! Es grüßt dich Nashornbulle R. Assauer!"

„Das war der Humor, der zwischen uns herrschte. Wenn ich etwas gemacht habe, das ihm nicht gepasst hat, hat er trotzdem die Hand drübergehalten. In internen Gesprächen hat er mich dann gefragt: ‚Warum hast du das so und so gemacht?' Aber er hätte nie Kritik geäußert an meinem Tun, wenn einer dabei gewesen wäre. Er war absolut loyal den Mitarbeitern gegenüber. Und für ihn war der Verein keine Arbeit, das war sein Hobby. Und er ist davon ausgegangen, dass alle nur ein Hobby haben: Schalke 04."

Berührungsängste mit Hollywoodstars hat er keine. Im Gegenteil. Mit Bruce Willis, geboren 1955 im pfälzischen Idar-Oberstein, dreht er im Januar 2009 in Los Angeles einen Fernsehspot der Biermarke Veltins. Darin wird Willis von einer Kellnerin gefragt, ob er ein Pils bestellt habe. „Hatte ich?“, antwortet er stutzig. „Hatten Sie nicht?“, versucht sich die Kellnerin rückzuversichern. „Hatte ich!“, ist sich Willis sicher. In diesem Moment dreht sich der hinter Willis stehende Rudi Assauer um, nimmt sich das frisch gezapfte Pils vom Tablett und kontert mit: „Haste nich'.“ Eine unschlagbare Pointe. „Wir wollen einen lebensnahen, für jeden nachvollziehbaren Moment einfangen – so schaffen wir Unterhaltung in der Werbung“, legt Veltins seinerzeit die Beweggründe für die Inszenierung des ungewöhnlichen Männerduos dar.

Auch Schauspieler Ralf Moeller sieht sich die Werbung gern im Fernsehen an. „Das war toll. Wer auch immer die Idee hatte, das war riesig und passte einfach.“ Der „Gladiator“ und ehemalige „Mr. Universum“ trifft Assauer mehrmals eher zufällig in Talkshows oder auf Veranstaltungen. Moeller, der gebürtige Recklinghäuser, der seit Jahrzehnten in Los Angeles lebt und mit Sylvester Stallone und Arnold Schwarzenegger befreundet ist, sagt heute über ihn: „Rudi war ein Menschenfänger. Eine echte Ruhrpott-Type. Immer geradeaus. Er hat die Dinge auf den Punkt gebracht. Bei Veranstaltungen habe ich oft gesagt: ‚Komm, Rudi. Jetzt ist gerade Pause, wir rauchen uns eine.‘“

Assauer widersteht allen anderen Tabakangeboten und pafft konsequent seine dominikanischen Davidoff-Zigarren, während Moeller die schärferen kubanischen bevorzugt. „Er war mein ‚smoking brother‘, mein Zigarrenbruder. Dann haben wir ein paar Paffer genommen und uns unterhalten, was bei ihm abgeht, was ich so mache. Es war immer so, als wenn wir uns schon 20 Jahre gekannt hätten. Er war ein Typ, mit dem man über alles sprechen konnte. Nach außen war er der Toughe, aber er hatte auch eine sensible Seite. Du erkennst oft in der ersten Minute, ob du mit jemandem klarkommst oder nicht. Bei Rudi habe ich das in den ersten Sekunden festgestellt."

Wirkliche Konkurrenz als Schauspieler macht Assauer ihm natürlich nicht – und greift doch irgendwie als Senkrechtstarter in sein Metier ein. Mit Lebensgefährtin Simone Thomalla steht Assauer, zwischenzeitlich mit einer Goldenen Kamera ausgezeichnet, mehrfach vor der Kamera, um Werbespots für Veltins zu drehen. Es entstehen legendäre Dialoge, die den Zeitgeist widerspiegeln.

„Hol mir mal ein Bier."

Thomalla geht zum Kühlschrank, trinkt aus einer Flasche und kehrt zum Sofa zurück.

„Ist keins mehr da."

In einem anderen Spot räkelt sich Thomalla in Dessous auf dem Bett, sprüht mit einer Parfümflasche und ruft: „Ich hab 'ne Überraschung für dich!"

Assauer entdeckt zur gleichen Zeit eine Bierflasche in der Küche, inspiziert sie, gönnt sich einen großen Schluck und sagt trocken: „Hab ich schon gefunden."

In einer weiteren Szene schaut Assauer auf einer Abendveranstaltung einer Frau hinterher. Als Thomalla das registriert, maßregelt sie ihn mit: „Nur gucken, nicht anfassen!"

Als sie im Anschluss nach seinem Bierglas greifen möchte, entgegnet er: „Nur gucken, nicht anfassen!"

„Er wäre wahrscheinlich auch ein toller Schauspieler geworden", vermutet Moeller, der Schalke in der Vergangenheit häufig auch im Trikot die Daumen gedrückt hat. „Ich glaube, du konntest ihn auch unvorbereitet vor eine Kamera stellen. Wenn Thomas Gottschalk bei ‚Wetten, dass …?' ausgefallen wäre, hättest du Rudi hinschicken können. Er hätte sich genauso unterhalten mit all den Stars – auf seine Art – und hätte die drei Stunden bewältigt. Einer, der improvisiert und dann auch so ist, wie er ist."

Dass Assauer gern eine Rolle spielt und sich in ihr gefällt, die im Kern allerdings auch mehr als ein Fünkchen Wahrheit enthält, zeigt sich 2005 in der *RTL*-Sendung „Exclusiv – das Starmagazin“. In einem klassischen Paarinterview gibt sich Assauer als absoluter Macho: „Wenn Sie meinen, ich kann nicht kochen, ich kann mir kein Brötchen schmieren, ich kann das nicht. Da gebe ich Ihnen recht. Das kann ich wirklich nicht.“

Thomalla kontert: „Er denkt, er hat die Hosen an. Und ich habe die Hosen an.“

„Er hat dieses Bild so geprägt. Und seine Macho-Aussprüche in der Beziehung mit Frau Thomalla hatten immer was Augenzwinkerndes. Ich habe es nie als unangenehm wahrgenommen“, empfindet Marcel Reif bis heute eine gewisse Freude, wenn er die alten Aufnahmen sieht.

Doch im Januar 2009 trennt sich das Vorzeigepaar. Während Assauer für den Dreh in Los Angeles weilt, zieht Thomalla aus dem gemeinsamen Haus aus. Eine Versöhnung im Sommer desselben Jahres scheitert, als sich beide in Kampen auf Sylt treffen. In der *Bild* erscheinen Aufnahmen einer Rangelei. Er stößt sie ins Blumenbeet, sie tritt ihm in den Unterleib. Ein juristisches Nachspiel hat die Auseinandersetzung allerdings nicht. Bereits als die von einer Schmuckhändlerin gerufene Polizei eintrifft, spielen beide den Vorfall herunter. Assauer entschuldigt sich Tage später in der *BamS* mit den Worten: „Ich weiß, ich habe Scheiße gebaut. Wir beide sind eben gewaltige Temperamentsbolzen. Und Sturköppe. Ehrlich, die Alte ist unheimlich in Ordnung. Wir haben uns beim Boxen kennengelernt. Vielleicht war das schon ein Symbol dafür, dass wir immer wieder gegeneinander kämpfen.“

In letzter Konsequenz ist Assauer konsequent inkonsequent. „Rund um die Trainingsplätze sind Hunde strengstens verboten“, staunt Stadionsprecher Dirk Oberschulte-Beckmann. „Rudi durfte seinen Hund Janosch aber immer mitbringen. Er wuselte dann über das Vereinsgelände. Das hat er dann nicht so genau genommen“, ergänzt er augenzwinkernd.

Beim VfB Oldenburg gibt es Anfang der 1990er-Jahre einen Spieleraufstand. Manager Assauer lässt in neue Verträge schreiben, dass Ansprüche auf Urlaubsgeld mit dem Grundgehalt abgegolten seien. Andernfalls würde man bei ihm keinen Vertrag unterzeichnen. Nachdem die Spieler den Kontrakt unterschrieben haben, beschließen sie, trotzdem einzufordern, was ihnen rechtlich zusteht. Sie bemängeln lautstark, dass die Klausel ungültig sei. Assauer beruft eine Mannschaftssitzung ein und sagt vor versammelter Truppe:

„Okay, wer es möchte, kann das Ding natürlich durchziehen und zur Geschäftsstelle kommen. Dort kann er dann das Urlaubsentgelt abholen. Das kriegt er ausbezahlt, kein Ding. Aber der kann auch seine Papiere mitnehmen und nach Hause gehen. Ihr habt es ja eigentlich unterschrieben, ihr Schweine."

Ein knallhartes Pistole-auf-die-Brust-Setzen. Die Rede hinterlässt nachhaltig Eindruck bei den Profis. Von 24 aufbegehrenden Spielern ziehen 22 ihre Forderung zurück. Lediglich zwei bestehen auf der Zahlung, einer von beiden ist Thomas Gerstner.

„Am nächsten Tag sind wir also zur Geschäftsstelle gegangen und haben gedacht, wir nehmen unsere Papiere mit. Dann hat Rudi gesagt: ‚Nein, jetzt setzt euch mal, ihr Pappnasen. Die Einzigen, die Eier haben, seid ihr. Ihr seid zwar zwei kleine Arschlöcher, aber ihr habt Eier. Ihr kriegt jetzt euer Urlaubsentgelt, haltet die Schnauze, geht wieder zum Training und gut ist.'

Das war eben Rudi. Er stand darauf, wenn man seine Meinung klar vertritt. So war er ja selbst auch. Er hatte klare Vorstellungen, klare Meinungen – die hatten ich und der andere Spieler in dem Moment auch. Rudi stand zu dir, wenn du eben nicht der Aal warst, der sich durchschlängeln wollte. Er war immer freundlich, respektvoll, nett. Nie ausfallend. Aber du wusstest nie, welche Entscheidung er trifft. Und das war gut so."

Auch bei der Wahl eines Mannschaftshotels lässt Assauer mitentscheiden. Er fordert Meinungen aktiv ein, will mündige Angestellte. Wären bereits zu dieser Zeit deutlich mehr Spieler in der 1987 gegründeten „Vereinigung der Vertragsfußballspieler“ unter Präsident Benno Möhlmann oder in sonstigen Interessenvertretungen beziehungsweise Gewerkschaften organisiert gewesen, hätten Assauers Verhaltensweisen vielleicht dienstliche oder rechtliche Konsequenzen gehabt. Bei seiner folgenden Station erklärt er Spielern bei Uneinigkeit von Vertragsinhalten:

„Das Arbeitsgericht auf Schalke bin ich.“

Mindestens einen Rüffel des Aufsichtsorgans des Vereins hätte es sicher gegeben. Doch die Oldenburger Spieler legen den Mantel des Schweigens über diesen Vorfall, haken ihn ab und verbuchen ihn unter dem Motto „So ist er eben“. Assauer kann weiterhin nach seinem eigenen Empfinden handeln, herrschen, den Ton angeben und muss sich nicht vergewissern, ob er ein angemessenes Verhalten an den Tag legt. Auch später bei Schalke wird er nach der vorläufigen Suspendierung des belgischen Stürmers Emile Mpenza im Mannschaftsquartier, ohne zu zögern, ein „Vertragsauflösungsangebot“ an alle Spieler aussprechen. Er möchte sie wachrütteln. Ehrfürchtig äußert sich damals Ebbe Sand: „Es war hart, aber fair.“

Um die Jahrtausendwende schmiedet Andreas Müller den Plan, die Fußballschuhe an den Nagel zu hängen, und hospitiert auf der Geschäftsstelle, die schon mal nach frischem Reibekuchen riecht, die Assauer so gerne isst und sich von der Mutter seiner Sekretärin zubereiten lässt. Sechs Jahre lang spricht er ihn mit „Manager“ oder „Herr Assauer“ an, ehe sie sich duzen werden.

Assauer bietet ihm einen Job als Teammanager an, er soll seine rechte Hand werden und mehr Verantwortung übernehmen. Schnell lernt Müller als „Assi von Assi“ zunächst als

Beobachter, wie Kader zusammengestellt, Budgets geplant und Verhandlungen geführt werden. Assauer lässt in diesen Verhandlungen keine Zweifel, wer das Sagen hat, versucht sein Gegenüber immer in die defensive Haltung zu bringen. Um Talente zu sichten, wird Müller zu diversen Spielen geschickt und ist stets auskunftspflichtig. Als er bei einem belgischen Ligaspiel den linken Verteidiger Bart Goor vom RSC Anderlecht scouten soll, fällt ihm jemand anderer auf dem Spielfeld auf – und zwar beim Gegner Standard Lüttich. Bei seiner Rückkehr sagt er: „Rudi, vergiss den Goor. Du musst Emile Mpenza holen!" Nachdem Assauer den Transfer des angesprochenen 1,77 Meter kleinen, aber sprungkräftigen und kopfballstarken Stürmers von Standard Lüttich nach Schalke für eine Rekordsumme von 17 Millionen DM festzurrt und Müller aus seinem Skiurlaub zurückkehrt, wird er mit den Worten: „So, Freund! Wenn das mit Mpenza nicht funktioniert, kill ich dich", begrüßt. Es sollte funktionieren, zumindest in der ersten Spielzeit. Verletzungspech, Provokationen und nachlassende Motivation trüben das positive Anfangsbild des belgischen Nationalspielers. Er signalisiert Wechselgedanken. Als Assauer ihm und seinen beiden Beratern aus Belgien und Italien eine exklusive Arena-Tour gibt, sagt er fast beiläufig: „Und du willst abhauen, du Trottel?"

Bei Treffen mit Verantwortlichen anderer Vereine entstehen für Müller ungewöhnliche Situationen, die er zunächst nicht einordnen kann. Wir schreiben das Jahr 2002. Schalke bemüht sich um die Dienste des Uruguayers Gustavo Varela. Der 24-jährige aufstrebende Mittelfeldspieler ist zu dem Zeitpunkt bei seinem Heimatverein Nacional Montevideo unter Vertrag. Varela lässt in Spielen sein Herz auf dem Platz, ist schnell, dribbelstark. Mit einem Privatjet machen sich Müller und Assauer auf den Weg zu den Verhandlungen, die in Mailand geführt werden sollen. Eingeladen werden sie von Francisco Casal, genannt „Paco". Ehemals Fußballprofi, inzwischen ein äußerst umtriebiger Spielerberater, Inhaber von Fernsehrechten und Sendern. Beobachter nennen ihn zu der Zeit auch „Inhaber des uruguayischen Fußballs". Das bedeutet: An ihm werden Müller und Assauer nicht vorbeikommen, wenn sie sich auf Uruguays Fußballmarkt umsehen möchten.

„Wir haben im Hotel eine Stunde auf ihn warten müssen und wussten gar nicht, wie er aussieht. Dann gab es einen Riesenknall. Er war vielleicht nicht ganz bei Sinnen, weil er unverschämte Forderungen gestellt und sich unglaublich aufgeführt hat. Rudi hat dann zur Dolmetscherin gesagt:

‚Übersetzen Sie jetzt bitte eins zu eins! Sagen Sie ihm, er ist ein riesengroßes Arschloch.'

Ich bin immer weiter den Stuhl heruntergerutscht und habe mir gedacht: Das können wir knicken. Der Varela kommt nie zu uns. Jeder andere hätte vielleicht erst einmal beschwichtigt oder sich langsam herangetastet. Aber Rudi war gleich richtig ‚on fire' und hat ihm gesagt, was Sache ist."

Der verbale Gegenschlag hat zur Folge, dass Paco Casal wutentbrannt aufsteht und den Raum verlässt. Die mit großen Erwartungen gestarteten Verhandlungen sind geplatzt. Müller und Assauer haken den Transfer ab und machen sich auf den Weg zum Flughafen, um die Rückreise anzutreten.

Eine Woche später meldet sich Washington bei Müller, ein Mitarbeiter der Casal Group. „Mein Chef war natürlich schwer angefressen über das Treffen." Müller ahnt, dass den Bemühungen nun auch offiziell ein Ende gesetzt werden soll. Doch er irrt sich. „Es hat ihm gefallen, wie Rudi reagiert hat." Zwei Alphatiere begegnen sich auf Augenhöhe, Klartext mit offenem Visier. Nach der einwöchigen Bedenkzeit stimmt er weiteren Gesprächen zu. Sie fruchten, sodass nach kurzer Zeit Gustavo Varela auf Schalke als Neuverpflichtung präsentiert wird. Sechs Jahre bleibt er auf Schalke, läuft hundertmal auf, erzielt elf Tore und erwirbt sich bei den Anhängern große Anerkennung.

Ein anderes Transfergespräch verläuft weniger erfolgreich. Als 2003 die Cheftrainer-Position auf Schalke vakant ist, interessieren sie sich für Felix Magath, der just in diesem Jahr mit dem VfB Stuttgart und den „jungen Wilden" um Kevin Kurányi, Andreas Hinkel und Timo Hildebrand Vizemeister wird. Assauer und Müller verabreden sich mit Magath. Eigentlich will er sie persönlich in Empfang nehmen – doch da er unglücklicherweise zur selben Zeit eine weitere Verpflichtung hat, schickt er seinen Berater vor. Vermutlich erhält Magath gerade die Auszeichnung als Stuttgarter Trainer des Jahres.

„Der Berater hat direkt losgelegt, sich aufgespielt und hohe Zahlen reingeworfen. Ähnlich wie es in Mailand mit Casal lief. Rudis erster Satz war daraufhin: ‚Aus welcher Anstalt haben sie dich denn gerade entlassen?'"

Heute lacht Müller über diese Anekdote. Doch damals zuckt er erneut zusammen. Wieder ein Assauer'scher Konter. Eine Dreiviertelstunde sitzen sie allein mit Magaths Berater am Tisch, während Müller von Minute zu Minute klarer wird, dass es zwischen beiden Streithähnen keine Einigung mehr geben wird. Als Magath hinzustößt, bleibt er erstaunlich wortkarg, sagt innerhalb einer Stunde nur wenige Sätze, vermeidet Blickkontakt. Am späteren Abend entschuldigt er sich bei Assauer telefonisch, dass das Gespräch „nicht so gut verlaufen" sei. „Rudi war von Felix sehr enttäuscht. Das Thema war für ihn dann erledigt." Auf Schalke übernimmt Champions-League-Gewinner Jupp Heynckes das Traineramt, Felix Magath wechselt ein Jahr später zu Bayern München.

Gerade bei ersten Gesprächen mit Spielern oder Trainern fällt Müller eine Leitlinie Assauers auf: „Er hat sich manchmal Dinge erlaubt, da habe ich gedacht: ‚Diplomatie war sicherlich nicht seine Stärke. Oh, jetzt geht die Sache kaputt.' Aber im Gegenteil: Oftmals war seine forsche Art gerade richtig. Rudi hatte nicht nur ein unglaubliches Gespür und eine Nase für gute Fußballer, sondern auch für deren Charakter und

Mentalität. Das hat er versucht schon in den Gesprächen herauszufiltern." Ein Spieler muss nicht nur fußballerisch oder taktisch passen, sondern auch mit seiner Art und Weise. „Soft skills" hat Assauer auf dem Schirm, lange bevor diese Begrifflichkeit en vogue wird und Einzug in den Arbeitsmarkt erhält. Prägende und zentrale Sätze, die er Müller mit auf den Weg gibt, sind:

„Spare nie am Trainer! Das ist die wichtigste Person im Verein."

„Egal ob Spieler, Trainer, Manager, Präsident – ganz oben steht der Verein Schalke 04. Das ist das Wichtigste und danach müssen sich alle richten."

Fast fünfeinhalb Jahre ist Huub Stevens Trainer auf Schalke, als er mit einem Anliegen auf Müller zukommt. Er betritt sein Büro und offenbart ihm erstmals einen Wechselgedanken. Er weiht ihn in seine Überlegungen ein, Schalke im Sommer 2002 zu verlassen. Er registriert erste Nachlässigkeiten Assauers. An Absprachen erinnert er sich am nächsten Morgen nicht mehr, verwechselt ausgemachte Vertragslaufzeiten von Spielern. Müller ist entsetzt, versucht ihn zu überreden, kann ihn letztlich aber nicht mehr umstimmen.

„Am Abend nach dem Pokalsieg hat Rudi im Hotel noch eine Rede gehalten und geweint. Sein Trainer schlechthin hört auf und eine Freundschaft geht quasi zu Ende. Da ist viel zerbrochen in ihm. Die verpasste Meisterschaft 2001, Huubs Weggang ein Jahr später. Ich glaube, an dem Tag ist auch ein bisschen was von der Symbiose Manager Rudi Assauer und Schalke 04 gestorben. Es war eine sehr schwierige Situation für ihn."

Assauer wirkt auf Außenstehende deprimiert, als wäre er in ein Loch gefallen. Ein halbes Jahr wird er mit Stevens kein Wort wechseln. Doch er rafft sich auf, will mit Schalke wieder angreifen. Der Kontakt zu Stevens lebt wieder auf. 2003, nach einem schlechten Spiel, wirft er den Spielern vor, die „Arbeit der letzten zehn Jahre" zu zerstören. Es nagt an ihm.

Seine Entscheidungen werden in der Folge glückloser, die Glückssträhne reißt. Nachdem Trainer wie Frank Neubarth, Marc Wilmots und Jupp Heynckes, dem er anlastet, „ein Trainer alter Schule" zu sein, nicht einschlagen, endet auch die Zusammenarbeit mit Ralf Rangnick, den er auf der Vorstellungspressekonferenz als „Rolf" bezeichnet hat, nach einem guten Jahr. Dessen „Ehrenrunde" durchs Stadion – und zwar schon vor Anpfiff der Begegnung gegen Mainz 05 – bringt das Fass im Dezember 2005 zum Überlaufen. Als Assauer erneut Christoph Daum ins Spiel bringt, kommt Andreas Müller die Idee, den bisherigen Co-Trainer Mirko Slomka zu befördern. „Auf den wäre ich nie gekommen", sind Assauers öffentliche einleitende Worte zu dessen Arbeitsbeginn im Januar 2006. Sicherlich die vorstellbar schwerste Hypothek, mit diesem Begleitumstand in ein Cheftraineramt bei einem hitzigen Klub wie Schalke zu starten. Vielleicht ein Grund, weswegen Slomka heute trotz mehrfacher Anfrage lieber nicht über Assauer sprechen möchte?

Als Schalke unter Neubarth einmal 19 Punkte Rückstand auf Tabellenführer Bayern bedrücken, haut Assauer auf den Tisch. „Es wird Zeit, dass sich Mannschaft und Trainer finden. Wir brauchen Erfolge." Das internationale Geschäft wird als Ziel gesetzt. Andernfalls gebe es „Kürzungen der Spielergehälter", lautet Assauers kompromisslose Drohung. Schließlich trennen die Königsblauen auch acht Zähler vom Erzrivalen Borussia Dortmund. Doch Schalke verpasst in der Folge mehrfach die Teilnahme an der Champions League, ein anwachsender Schuldenberg belastet die Knappen. Mit dem Bau der Arena ist der Verein finanziell ein so enormes Risiko eingegangen, dass der sportliche Erfolg Schritt halten muss. Als der Londoner Investmentbanker Stephen Schechter dem Klub eine Anleihe in Höhe von 85 Millionen Euro gewährt, müssen jährlich 6,5 Millionen Euro Zinsen gezahlt werden. Nachdem Karlheinz Küting, Professor am Institut für Wirtschaftsprüfung an der Universität des Saarlandes, im Wirtschaftsmagazin *Focus Money* Schalke 04 sogar eine „noch katastrophalere Finanzlage als bei Borussia Dortmund" attestiert, vergreift sich Assauer im Ton und feuert auf einer Pressekonferenz zurück: „Im Grunde muss er für diesen Vergleich standrechtlich erschossen werden."

Weil auch die erwähnten vier Trainerentlassungen binnen kürzerer Zeit für sich sprechen, schwindet der Rückhalt des Kontrollgremiums.

Im Frühjahr 2006 registriert Müller konkretere Versuche des Schalker Aufsichtsrats um Clemens Tönnies, Assauer infrage zu stellen. Er sagt ihm: „Rudi, pass auf. Sie sägen an deinem Stuhl." – „Ach was. Sie werden schon sehen, was sie davon haben", ist seine Reaktion. Müller unterbreitet ihm den Vorschlag, Präsident zu werden und das Gesicht des Vereins zu bleiben, während Müller weiterhin in der zweiten Reihe Transfers tätigt und die Arbeit erledigt. Das will Assauer nicht. Als der Verein Müller einen Dreijahresvertrag anbietet, Assauer aber nur einen Zweijahresvertrag, nimmt er das nicht hin. „Ich habe gesagt, entweder bekommen wir beide einen Vertrag für zwei Jahre oder beide einen für drei Jahre." Eine Ungleichbehandlung, die ihn schmerzt. „Ich lasse mich nicht als Frühstücksdirektor abspeisen", gibt sich Assauer entschlossen. „Ehrenpräsident? Das sind doch die, die in der Kuhle liegen." An eine Demenzerkrankung denkt zu diesem Zeitpunkt niemand, nicht mal engste Mitarbeiter.

„Bis zu seiner Krankheit war es ein Spitzenverhältnis. Er hat alles für seinen Verein gegeben. Ich glaube, man kann sagen: Er hat sein Leben für Schalke 04 gegeben", sagt Olaf Thon, der von Assauer einmal mit den Worten: „Sein Name wird jetzt in einer Reihe mit Ernst Kuzorra, Fritz Szepan und Reinhard Libuda genannt", geadelt wurde, heute. „Alles, was danach kam, ist für mich nicht relevant. Es war der Krankheit und der Problematik für den Verein geschuldet. Deshalb gilt mein Augenmerk immer der Zeit, in der er voll funktionsfähig war." In einer Aufsichtsratssitzung, dem Gremium, dem Thon nach seiner Spielerkarriere angehörte, wird in einer Abendsitzung über die Entlassung Assauers abgestimmt. Das Vertrauen soll entzogen werden, sportlich kann es so nicht weitergehen. Es geht um seinen Kopf. Um das Gesicht des Vereins.

„Man hat keine Wahl und muss für den Verein eine Entscheidung treffen. Deswegen war sie auch einstimmig", erläutert Thon. Öffentlich wird die Rede von einem *Focus*-Bericht sein, der auf Interna basiert, die Assauer herausgegeben haben soll. Das wird jedoch widerlegt. Rechtsanwalt Theo Paeffgen teilt Assauer am späten Abend die Entscheidung des Aufsichtsrates mit. Der schwer getroffene Manager kommt einer offiziellen Abberufung zuvor und tritt am nächsten Tag zurück.

„Rudi hat mich am nächsten Morgen angerufen. Ich kann die Entscheidung bis heute nicht verstehen", sagt sein Freund Klaus Berster. Die Entscheidung bricht Assauer, auch wenn er in späteren Interviews beteuert, mit Schalke abgeschlossen zu haben. Hat der Verein ihm möglicherweise nicht geholfen? Wurde er seinem gesundheitlichen Schicksal, das unübersehbar schien, überlassen? Konnte er zu lange allein schalten und walten? Wusste niemand von seiner familiären, erblichen Vorbelastung? Oder wollte er ihm angebotene Unterstützung schlicht nicht annehmen? War er beratungsresistent?

Robert Schmalohr, gebürtiger Gelsenkirchener und seit einem halben Jahrhundert Schalke-Fan, nennt sich auf Social Media „Schalkes Opa". Der zweifache Großvater, der lange Zeit in Asien gelebt und Veranstaltungen organisiert hat, erfindet sich während der Corona-Pandemie neu. Schmalohr kehrt in seine Heimat zurück, nimmt zunächst hobbymäßig in einem Tonstudio mehrere Lieder auf, entdeckt dann eine noch unentdeckte Leidenschaft für die Musik. Inzwischen hat er 19 Schalke-Lieder veröffentlicht. Davon ist ihm der folgende 2021 veröffentlichte Song ein besonderes Anliegen. Im Text heißt es:

Rudi Assauer, wir ham dich nicht vergessen
Rudi Assauer, von Schalke besessen
Rudi Assauer, Blau und Weiß trag ich
Dieses Lied ist ganz allein für dich!

Zwar lernt Schmalohr Assauer nie persönlich kennen, doch er bleibt immer seine Identifikationsfigur. „Was dieser Mann für Schalke bedeutet und geschafft hat, das musste einfach irgendwo gewürdigt werden. Er war kompromisslos, hatte Weitsicht und hat als Manager immer groß gedacht, was wir zum Beispiel an der Arena sehen. Ein wahres Weltwunder." Und dann schiebt Schmalohr einen Satz hinterher, der nachhallt: „Das, was Schalke heute ausmacht, ist das Erbe von Rudi Assauer."

Andreas Müller muss sich in der Folge von Assauer emanzipieren, will jedoch gleichzeitig die begonnene Arbeit fortführen. „Ich habe ihm nicht nach dem Mund geredet, was immer viele gedacht haben. Wir haben uns oft gefetzt – das konnte ich mir rausnehmen –, aber auch super ergänzt. Er hat den Ton angegeben. Aber wenn er gemerkt hat, jemand hält mit Argumenten, die einleuchtend sind, dagegen, hat er aufgehorcht und dich mit Respekt behandelt. Für mich ist mit seiner Entlassung eine Welt zusammengebrochen. Ich bin so dankbar, dass er mir diese Möglichkeit gegeben hat, weil er mit seiner Art und Weise ein totales Vorbild war."

DIE ANDERE SEITE

Rudi Assauer sitzt in seinem Büro auf der alten Schalker Geschäftsstelle. Hier laufen die Fäden zusammen, neben der sportlichen Entwicklung dreht sich in diesen vier Wänden alles um die Grundsteinlegung und den Bau der modernsten Multifunktionsarena Europas. Seine markante Stirn runzelt sich, als er die Lesebrille aufsetzt und den Stapel Post durchgeht. Zwischen Verträgen, Angeboten und Fanpost findet er einen Umschlag, der heraussticht. Ohne Vorahnung öffnet er ihn, seine Augen durchstreifen die Zeilen und die Welt um ihn herum verschwimmt für einen Moment. Ein tiefes Einatmen durchbricht die Stille, während Assauer die Bedeutung der Worte verarbeitet. Tränen bahnen sich den Weg über seine Wangen. „Mit diesem Bild konnte ich erst einmal nichts anfangen", sagt Sabine Söldner heute. Die langjährige Sekretärin hat bis dato nur die harte Schale zu spüren bekommen. Ein weinender Assauer war ihr noch nicht untergekommen. Doch ihr Chef möchte die Emotionen nicht zurückhalten, kann er sie gerade im fußballerischen Kontext so richtig ausleben. Der Brief, der ihn zu Tränen rührt, kommt aus dem Münsterland. Der Verein „Herzenswünsche" hat ein Schreiben an den Schalke-Manager adressiert. Ein sterbenskranker Junge hat nicht mehr lange zu leben und möchte noch einmal seine Lieblingsmannschaft Schalke live erleben. „Der Brief war sachlich formuliert und hat überhaupt nicht auf die Tränendrüse gedrückt", weiß Söldner noch bis heute. Doch zwischen den Zeilen, zwischen den gedruckten Buchstaben liegt eine herzzerreißende Bitte. Allein die Tatsache, ein Junge wünsche sich vor seinem Tod noch einen Besuch auf Schalke – zu viel für den abgebrühten Assauer, der in diesem Moment in seinen Grundfesten erschüttert wird. Er setzt sofort alle Hebel in Bewegung, kümmert sich um den

Kontakt und lädt den Jungen und dessen Familie ein. Eine kleine Geste mit großer Wirkung.

Besonders emotional wird Assauer in Momenten, in denen er nahezu unbeobachtet ist, bemerkt seine Zwillingsschwester. 1978 stirbt Vater Franz im Alter von 72 Jahren an Herzversagen. In der Stunde seines Todes ist der Sohn bei ihm, sie trinken vorher noch ein Bier zusammen. Drei Jahre später stirbt Mutter Else. Sie wird 76 Jahre alt. Sohn Rudi ist nach seinem letzten Besuch so verzweifelt, dass er über Sterbehilfe nachdenkt. Karin erinnert sich, wie fassungslos ihr Bruder gewesen ist, die eigene Mutter im Pflegeheim gezeichnet von ihrer Alzheimer- und Parkinson-Erkrankung im Rollstuhl zu sehen. „Er ist richtig zusammengebrochen und hat ohne Ende geheult. Das konnte er nicht sehen. ‚Bei aller Liebe', hat er gesagt, ‚ich kann da nie wieder hingehen'", berichtet Karin. Auch seinen Bruder Lothar, der ebenfalls jahrelang an Demenz leidet und in einem Essener Heim untergebracht ist, möchte er nicht besuchen. Früher hat er zu ihm aufgeschaut, er war sein fußballerisches Vorbild, seine Bezugsperson. Doch jetzt verkraftet er dieses Elend nicht, will die Krankheit ausblenden. „Ich will nicht mein eigenes Siechtum sehen, meinen eigenen Untergang. Ich wollte doch nie etwas mit dieser Krankheit zu tun haben." Möglicherweise treibt ihn der Gedanke an: „Das, was ich nicht sehe, gibt es nicht." Im Jahr 2013 stirbt sein Bruder im Alter von 81 Jahren.

In all den Jahren bei Schalke wird Assauer immer wieder um einen Gefallen gebeten. Auf Ablehnung werden die Fragenden selten bis nie stoßen. Umso großzügiger fallen seine Reaktionen aus. Sind Fans mal so knapp bei Kasse, dass das Geld nicht für eine familiäre Beisetzung ausreicht, wird er die Zahlung übernehmen. Berni Klodt, herausragendes Mitglied der letzten Schalker Meistermannschaft 1958, ist nach einem Herzinfarkt und einem Schlaganfall in den 1990er-Jahren auf einen Rollstuhl angewiesen. Als er ein neues elektrisches Modell benötigt, darf er ihm die Rechnung zuschicken. Sie wird beglichen, Ehrensache. Als der Sohn der Schalker Legende Stan Libuda arbeitslos wird, kümmert er sich um einen Job im Fanshop. Als eine Mitarbeiterin häufiger zu spät zur Arbeit kommt und über die unzuverlässige Straßenbahn schimpft, soll sie sich einen Motorroller aussuchen. „Wie teuer ist das Scheißding? Such dir einen aus und schick mir die Rechnung."

Der Mann, der aus einfachen Verhältnissen stammt, hat seine Kinderstube nicht vergessen und möchte durch seinen Erfolg einen Teil zurückgeben. „Jeden Tag eine gute Tat", sagt er seinen Mitarbeitern in gebetsmühlenartiger Regelmäßigkeit.

Klaus Herzmanatus war Bergmann in Gelsenkirchen. Heute betreibt er in Buer ein kleines Fußballmuseum auf Zeche Hugo, hält die Erinnerung an das Schalker Kulturgut hoch und sammelt Spenden für den Förderverein des Förderturms. Als sich in den 1990er-Jahren das Ende der Bergbau-Ära abzeichnet, ruft Assauer Herzmanatus an: „Mensch, Klaus! Ihr müsst eure Kumpels nach der letzten Schicht ablenken. Ich schicke dir 3.000 Freikarten für das Spiel gegen den VfL Bochum. Komm mit deinen Kumpels vorbei. Die sollen den Kopf freikriegen und auf andere Gedanken kommen. Vielleicht können wir ein kleines bisschen dazu beitragen." Er lässt die Bergmänner sogar mit Bannern im alten Parkstadion demonstrieren.

Der Kampf um den Erhalt des Schachts beginnt vor 20 Jahren, als Herzmanatus Assauer bei einer zufälligen Begegnung beim Schalker Fanklubverband anspricht. Herzmanatus geht es zunächst um symbolische Unterstützung in Form von Unterschriften.

„Rudi, wir möchten den Schacht retten, aber der Stadt ist das zu teuer."

„Komm morgen um acht Uhr mal in mein Büro, dann erklärst du mir die Geschichte."

Am nächsten Tag hört er interessiert zu, stellt Nachfragen und bietet spontan eine Lösung an. Mit den Worten: „Alles

RUDI ASSAUER – IMPRESSIONEN

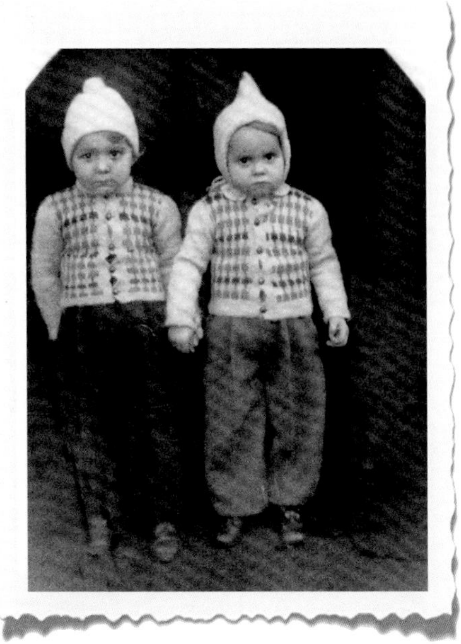

Zwillinge im Partnerlook: Rudi (l.) und Karin Assauer sahen sich im Jahr 1946 zum Verwechseln ähnlich.

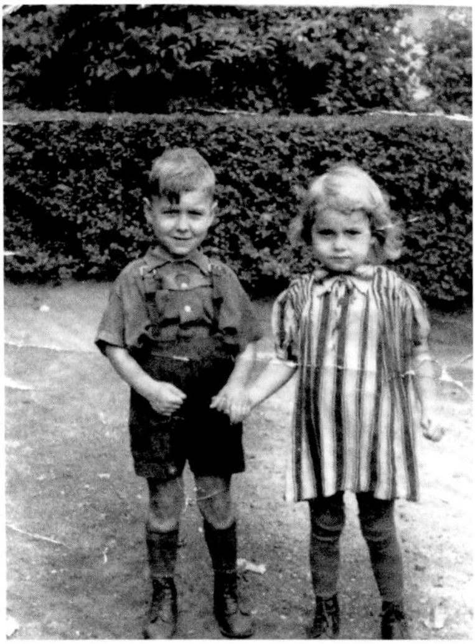

Spielkameraden am Hertener Katzenbusch: Rudi und Zwillingsschwester Karin im Jahr 1948

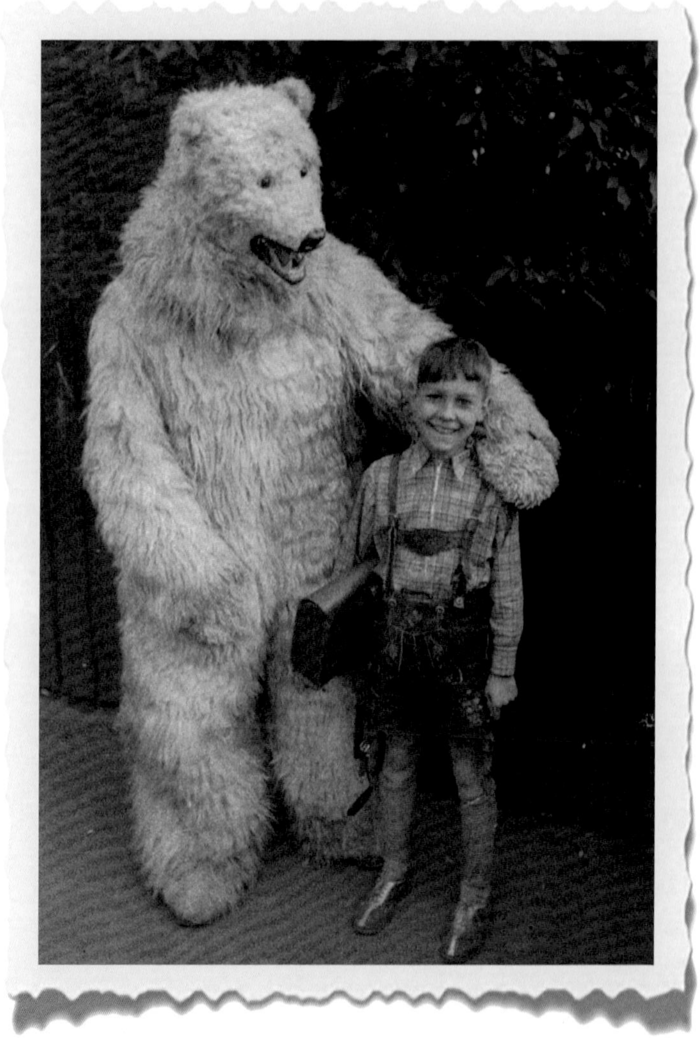

Schon als Kindergartenkind kannte Assauer keine Berührungsängste, auch nicht mit großen Eisbären.

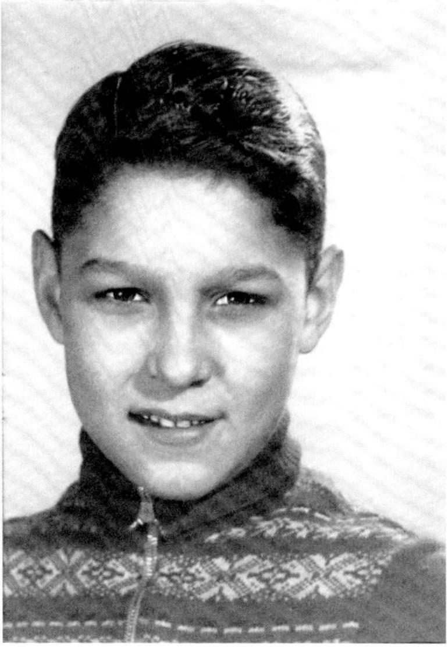

Assauer kurz nach seiner Einschulung in der Hertener Augustaschule, 1950

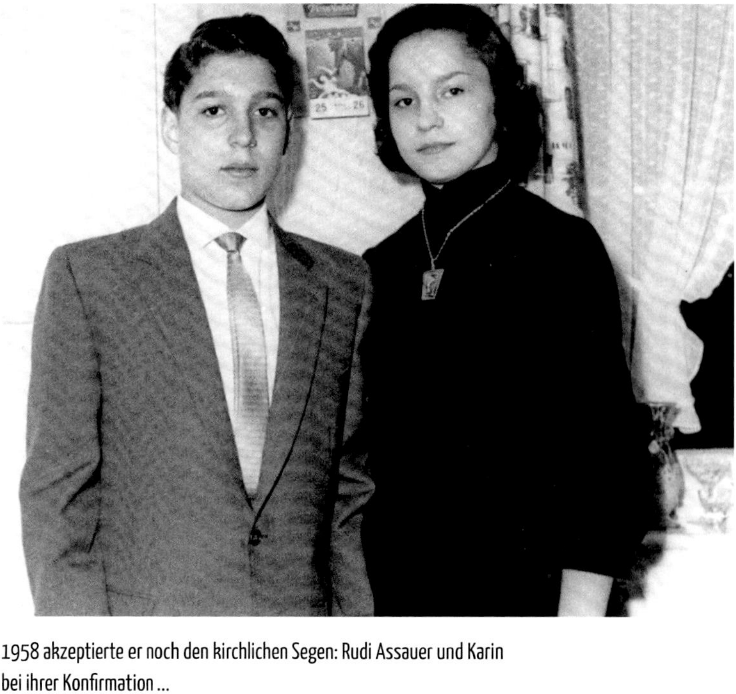

1958 akzeptierte er noch den kirchlichen Segen: Rudi Assauer und Karin bei ihrer Konfirmation …

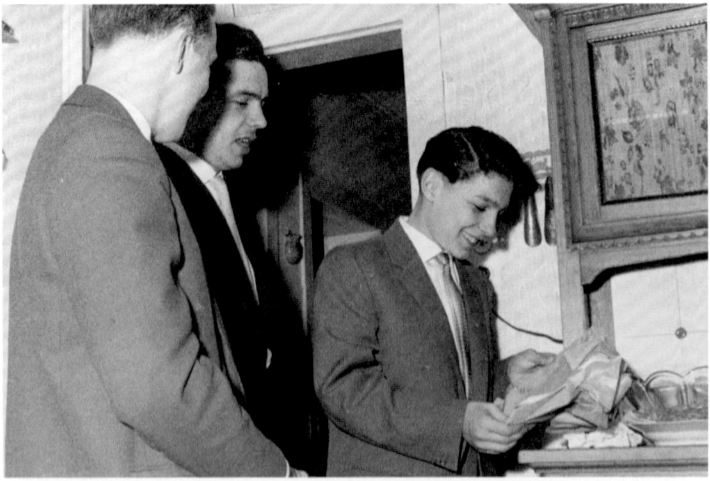

... vielleicht auch, weil es zu diesem Anlass Geschenke gab? Sein Lächeln ist eindeutig.

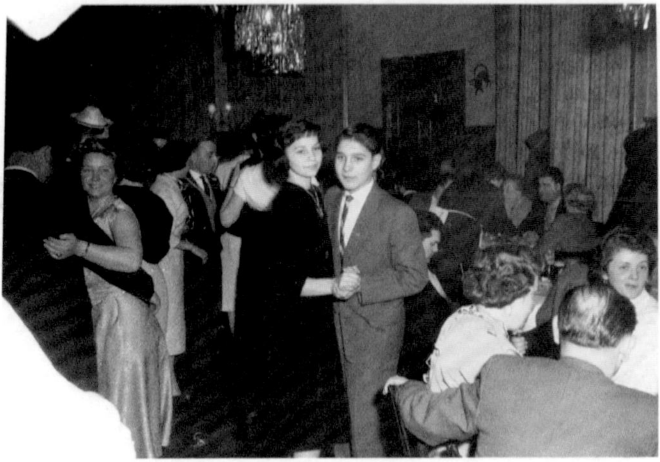

Ein Tänzchen mit der Zwillingsschwester. Auf dem Parkett war Assauer auch in jungen Jahren gern im Mittelpunkt.

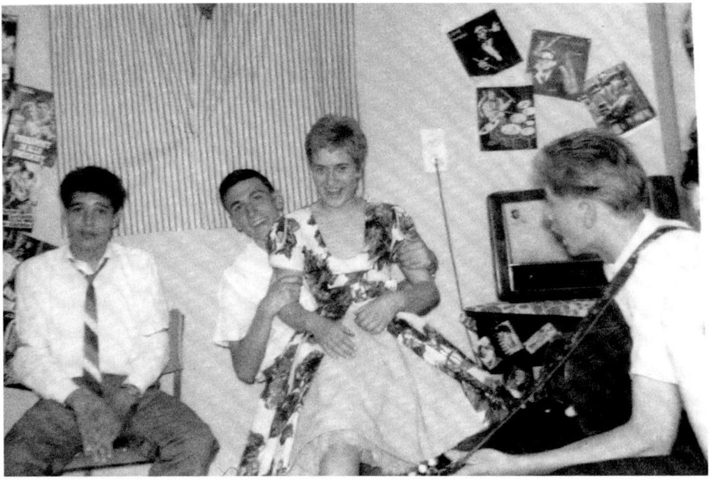

Auch bei privaten Hauspartys gut gekleidet: Assauer (l.) trug gern Krawatte.

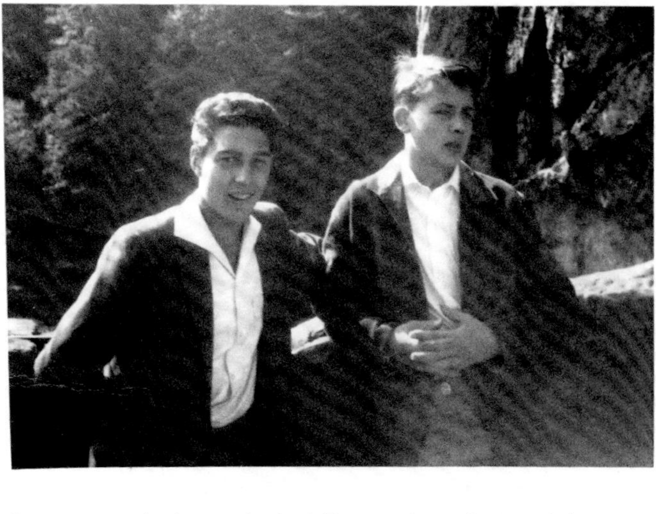

Offenes weißes Hemd und Kragen über dem Sakko-Revers: Assauer bewies auch als Teenager einen gewissen Sinn für Mode.

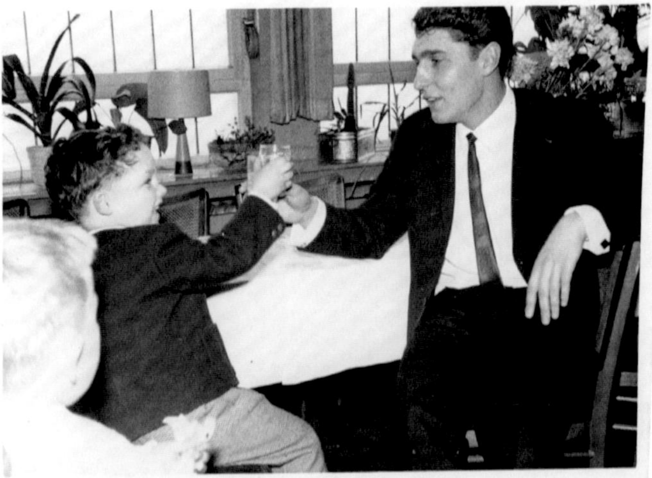

Der junge Onkel Rudi stößt mit Neffe Jörg (l.) an, dem zweitältesten Sohn seines Bruders Lothar.

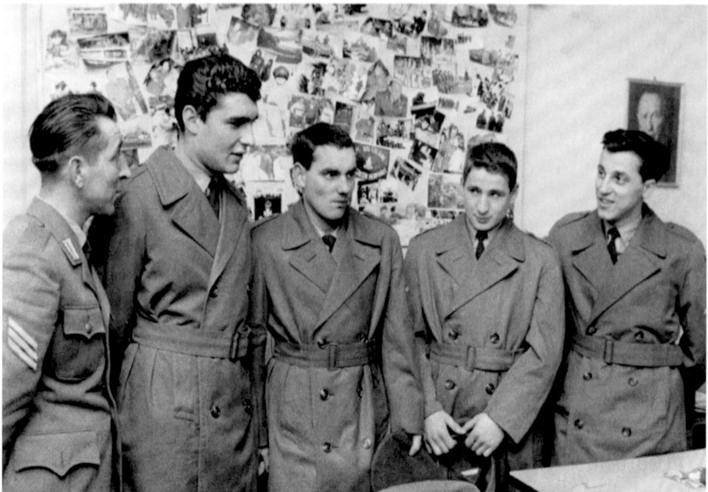

Wehrdienst in Unna: Rudi Assauer (2. v. l.) wurde mit der Bundeswehrnationalmannschaft Dritter bei der internationalen Militärmeisterschaft in der Türkei.

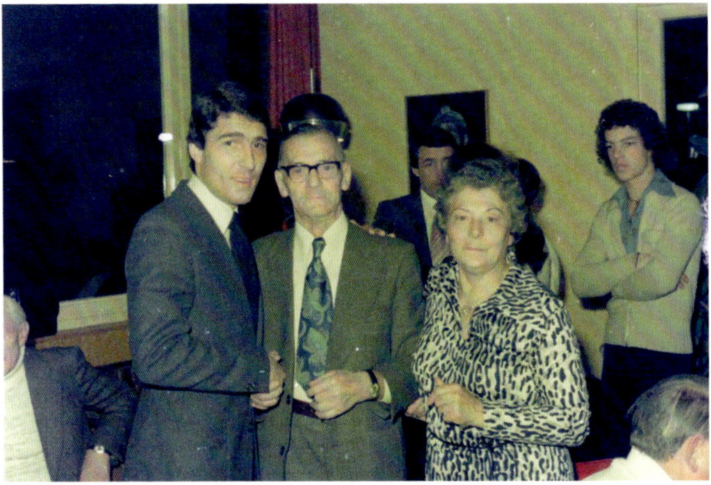

Rudi Assauer (l.) mit seinen Eltern Elisabeth und Franz
bei dessen 70. Geburtstag im Jahr 1976

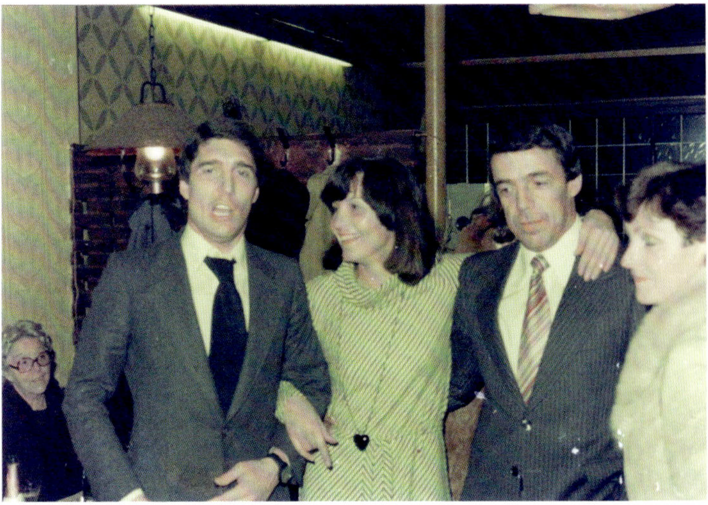

Geschwister Assauer auf dem 70. Geburtstag von Vater Franz (v. l.):
Rudi, Karin und der ältere Bruder Lothar

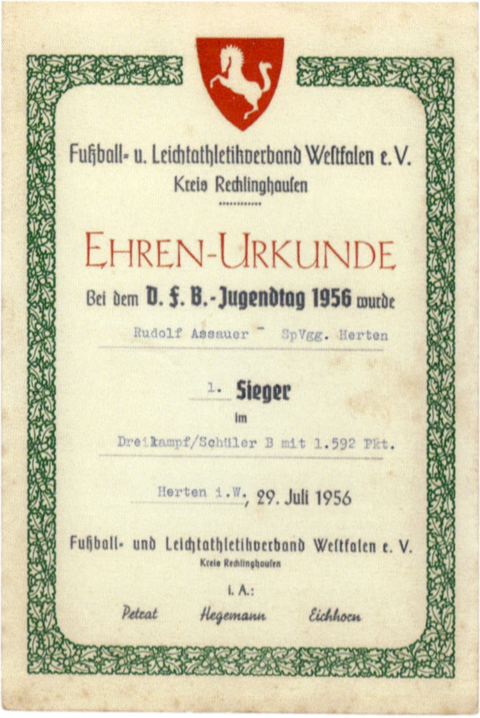
Fußball- u. Leichtathletikverband Westfalen e. V.
Kreis Recklinghausen

EHREN-URKUNDE

Bei dem D. F. B.-Jugendtag 1956 wurde

Rudolf Assauer – SpVgg. Herten

1. Sieger

im

Dreikampf/Schüler B mit 1.592 Pkt.

Herten i.W., 29. Juli 1956

Fußball- und Leichtathletikverband Westfalen e. V.
Kreis Recklinghausen

i. A.:

Petrat Hegemann Eichhorn

Ein erster Erfolg im Alter von zwölf Jahren: Der sportlich ehrgeizige Schüler Assauer erhält 1956 die Ehrenurkunde im Dreikampf, der die drei Ausrichtungen der Leichtathletik – Laufen, Springen und Werfen – vereint.

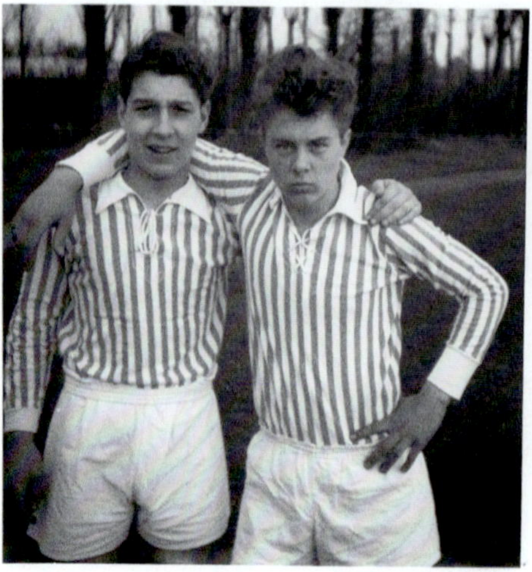

Im Dress der Grün-Weißen: Assauer (l.) spielte seit seinem achten Lebensjahr bei der Spielvereinigung Herten, erhielt als 18-Jähriger den ersten Profivertrag.

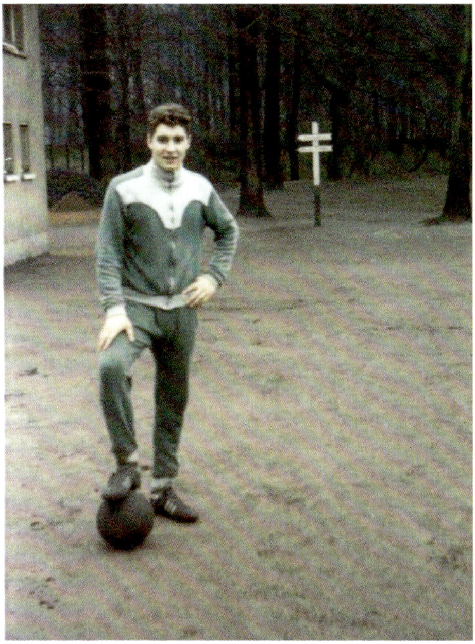

Assauers Heimspielstätte: Zur ersten Station als Vertragsspieler am Hertener Katzenbusch, unweit des Elternhauses, musste er nur die Straße überqueren.

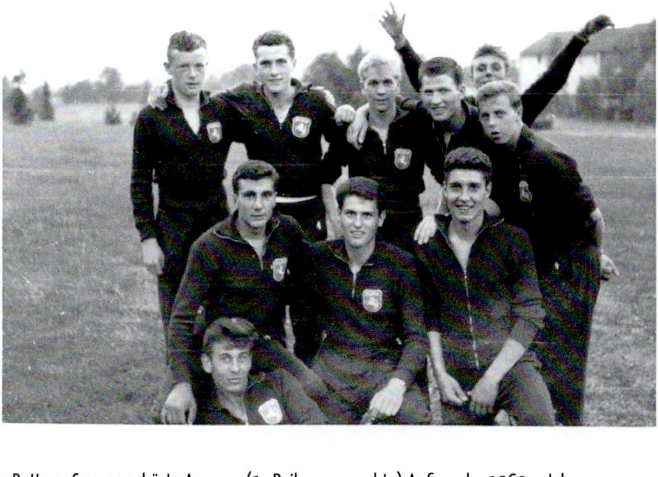

Unter Dettmar Cramer gehörte Assauer (1. Reihe ganz rechts) Anfang der 1960er-Jahre zur Westfalenauswahl und wurde prompt entdeckt. Im Hintergrund streckt sein späterer BVB-Mitspieler und Schalke-Legende Stan Libuda die Hände in die Höhe.

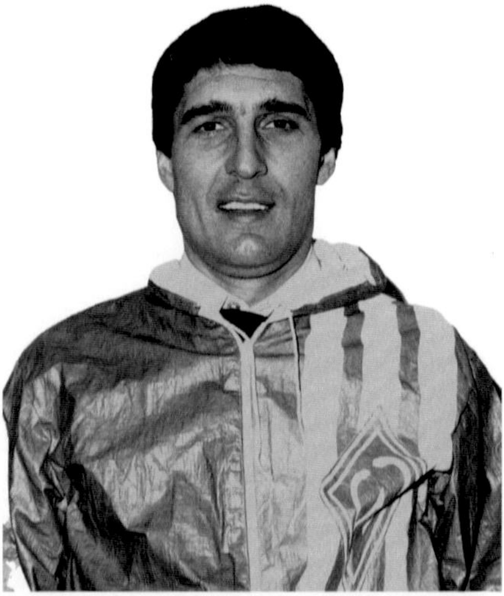

Von 1970 bis 1976 war Assauer Spieler bei Werder Bremen, wurde unmittelbar nach Karriereende mit 32 Jahren jüngster Manager der Liga.

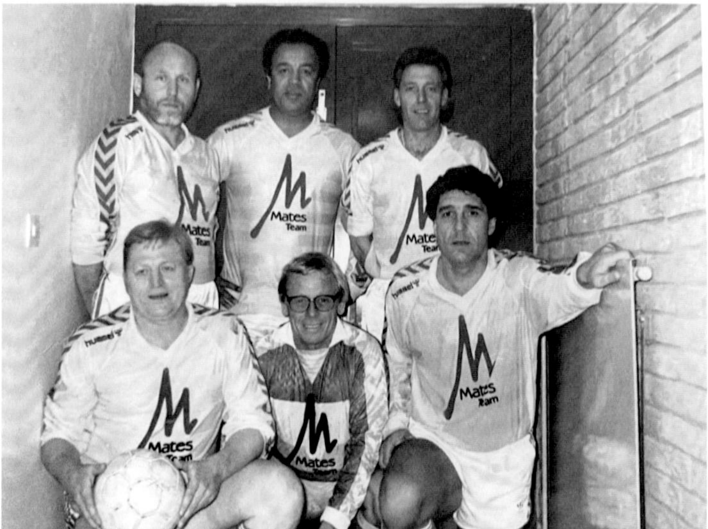

Altherrentruppe in Bremen: Assauer spielte in seiner Freizeit unter anderem mit Wolfgang Neugebauer (hinten links), Uwe Bracht (hinten rechts) und Arnold „Pico" Schütz (vorne links) Fußball. Der erste schwarze Nationalspieler Erwin Kostedde (hinten Mitte) kickte regelmäßig mit.

Foto: aus dem privaten Fotoalbum von Kathrin Kalau von Hofe

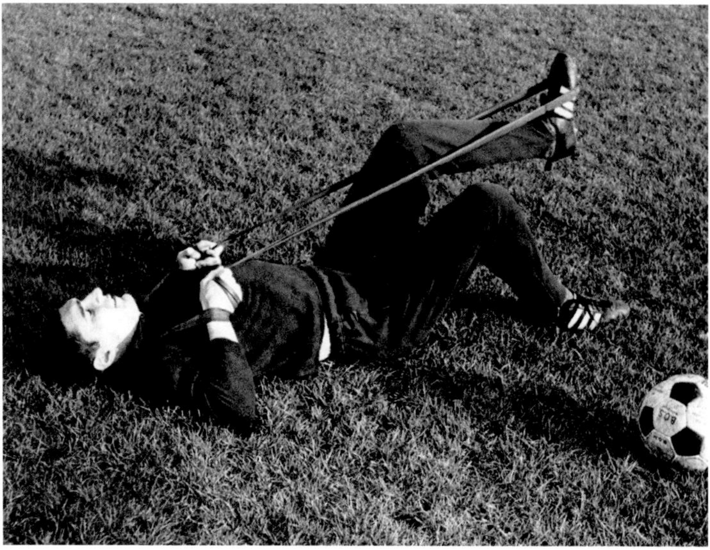

Während der Trainingseinheiten musste bei Übungen ohne Ball auch mal ein Fahrradschlauch als Trainingsutensil herhalten.

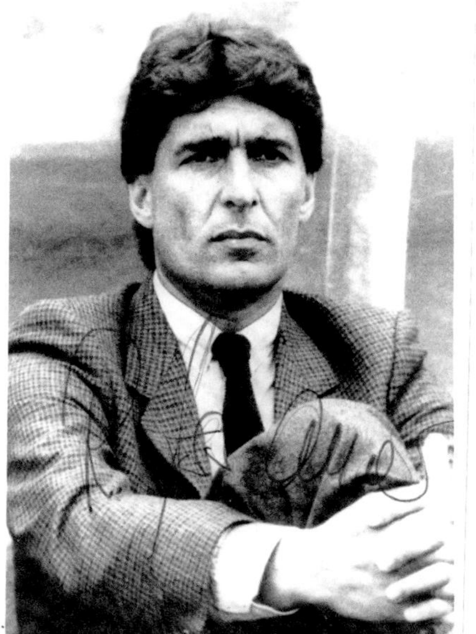

Autogrammkarte während der ersten Amtszeit auf Schalke (1981–1986)

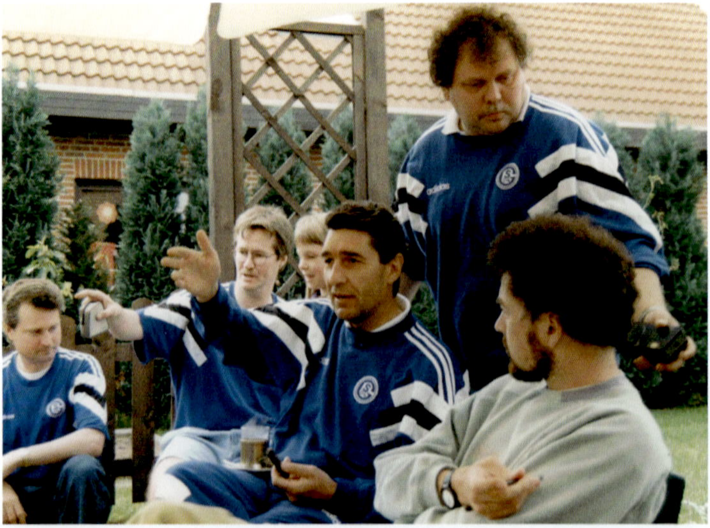

Der Austausch mit den Fans war für Assauer besonders wichtig. Hier sprach er Ende der 1990er-Jahre mit Vertretern des Schalker Fanclub-Verbands. Hinter ihm: der langjährige SFCV-Vorsitzende und das spätere Aufsichtsratsmitglied Rolf Rojek

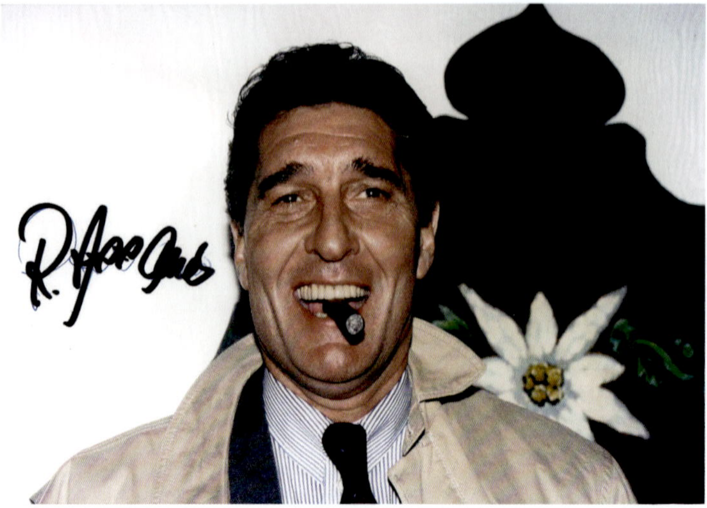

Typisch Assi: verschmitztes Lächeln und sein Markenzeichen, die Davidoff Grand Cru No. 3

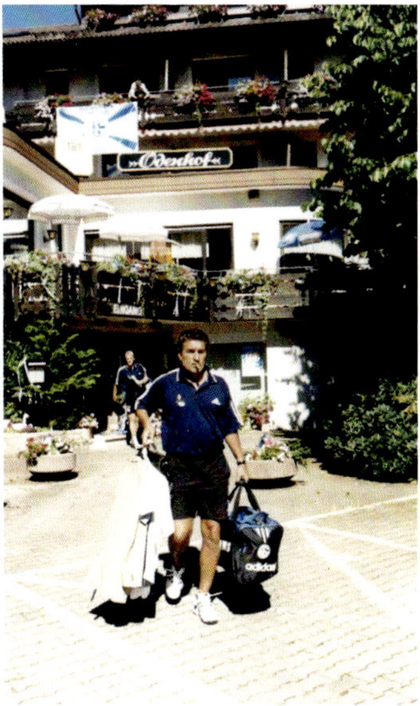

Saisonvorbereitung 1999/2000 im Ferienhotel Ödenhof in Baiersbronn im Schwarzwald. Anzüge, Sportsachen und Zigarre durften für Assauer nicht fehlen. Im Hintergrund: der Spieler und jetzige Co-Trainer Mike Büskens

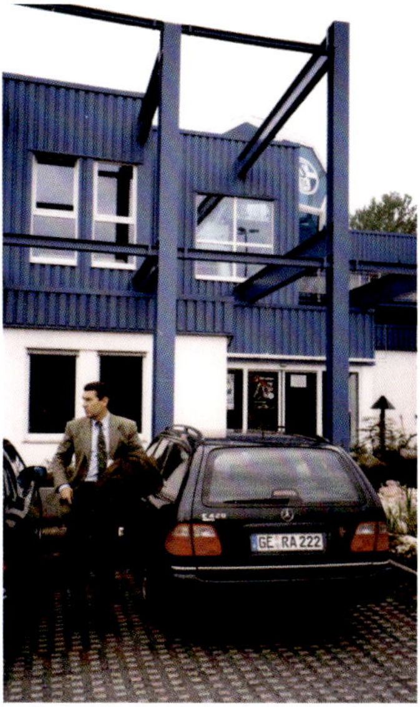

Der langjährige Arbeitsplatz: die alte Schalker Geschäftsstelle, vor der Assauer seinen Mercedes-Kombi parkte

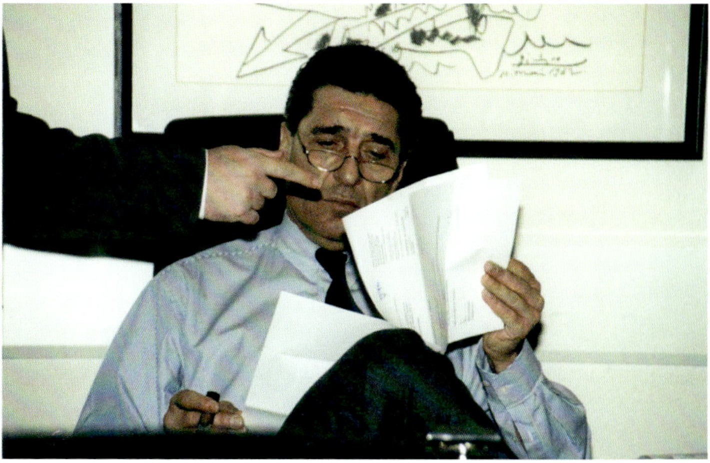

Rudi Assauer bei der alltäglichen Lektüre in seinem Büro: Briefe, Rechnungen, Fanpost

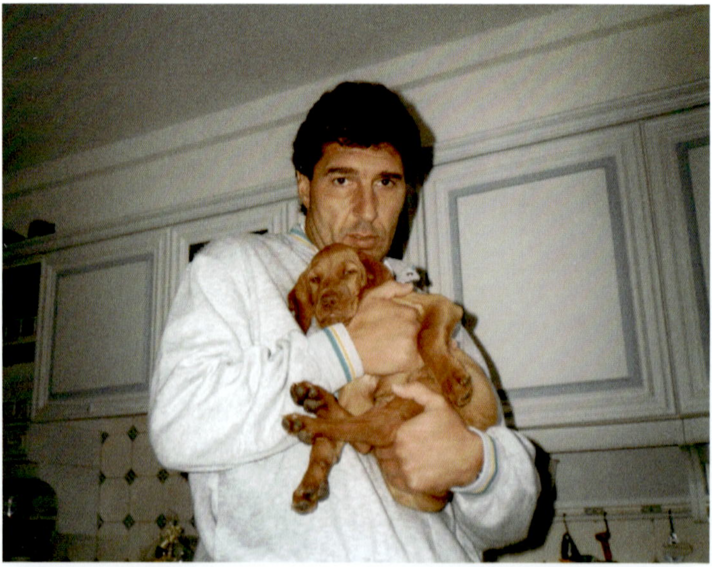

Lange Jahre Assauers treuer Begleiter, auch rund um den Schalker Trainingsplatz: sein ungarischer Jagdhund Janosch

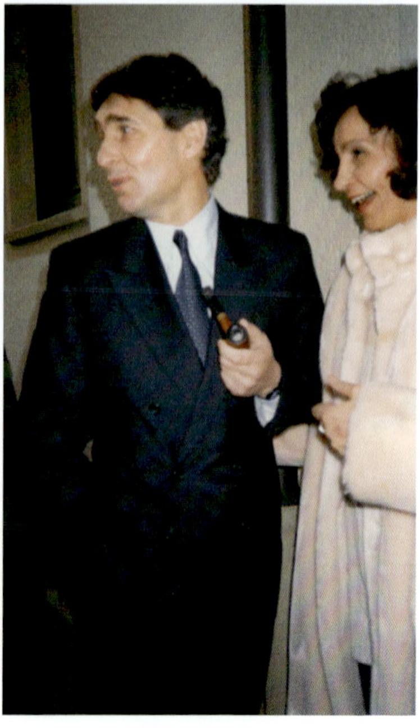

Als Assauer noch Pfeife rauchte: Anfang der 1990er-Jahre mit Zwillingsschwester Karin

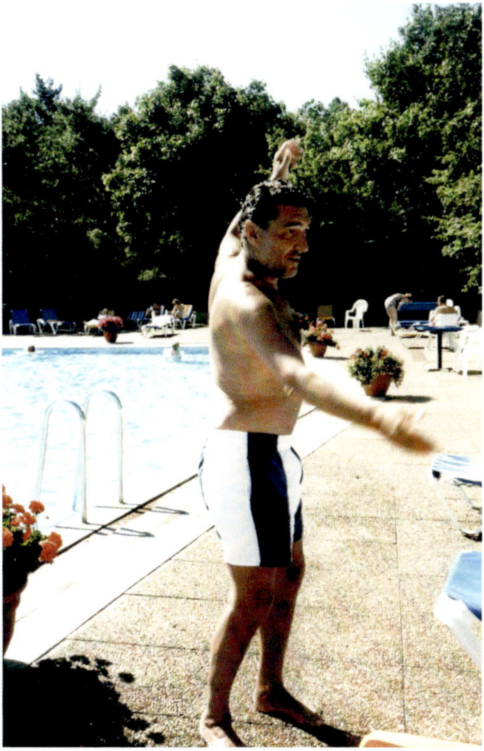

Auch im Urlaub war Assauer immer für einen Spaß zu haben. Hier entertainte er die Badegäste Ende der 1990er-Jahre im Maritim Seehotel am Timmendorfer Strand.

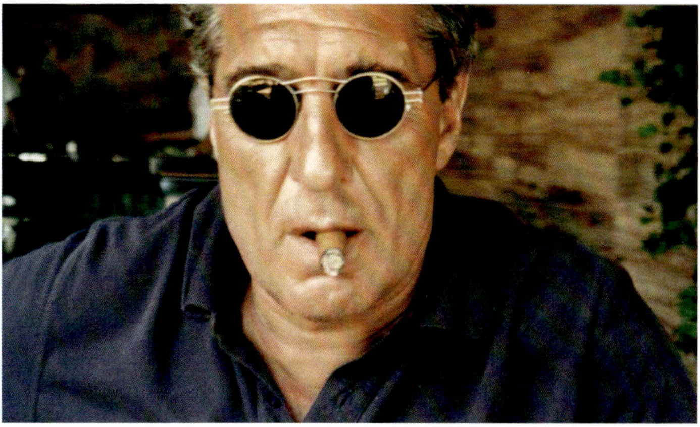

Assauer gönnte sich selten Auszeiten, aber konnte sie ausgiebig genießen – auf Sylt, Gran Canaria oder Mallorca.

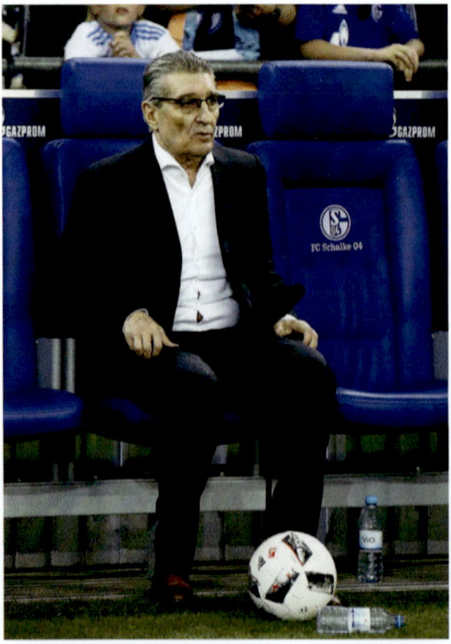

Von seiner Alzheimer-Krankheit gezeichnet: Rudi Assauer am 21. Mai 2017 beim Jubiläumsspiel „20 Jahre Eurofighter – Bedankt Huub", das gleichzeitig als Abschiedsspiel für Huub Stevens fungierte Foto: firo sportphoto

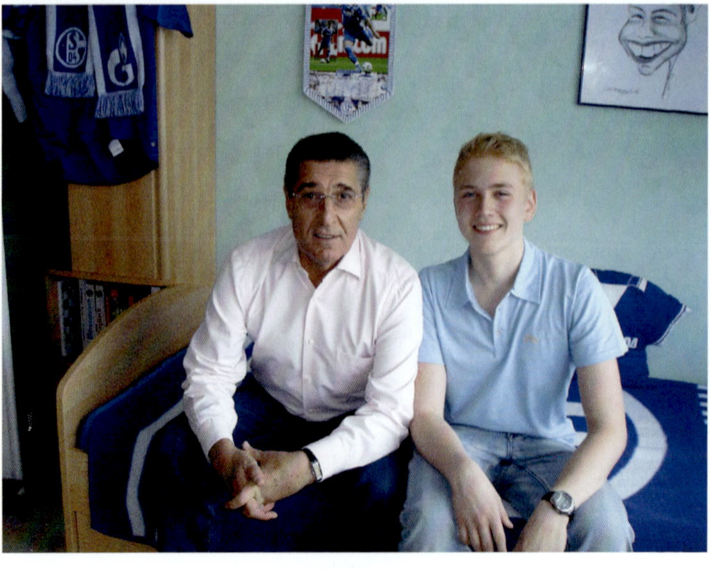

Typisches Jugendzimmer im Schalke-Stil? Rudi Assauer besuchte Autor Carsten Kulawik am 5. Juli 2007 zu Hause in Wuppertal. Foto: Carsten Kulawik

klar, kannst aufhören!“, legt Assauer 3.000 Euro auf den Tisch. Herzmanatus ist verwundert. „Das Geld ist von mir, nicht vom Verein. Ich möchte, dass ihr das Ding erhaltet. Zeigt den Schnarchhähnen in der Stadtverwaltung, dass es wichtig ist, die Bergbaugeschichte zu erhalten.“

Es sollte der Startschuss für alle weiteren Projekte und Türöffner für weitere Gespräche mit Förderern sein. Dass der Schacht 2 in den Besitz der Fördergruppe übergeht und heute noch steht, ist auch ein Verdienst Assauers, der von der ersten Stunde an von der Sinnhaftigkeit der Aktion überzeugt ist. „Er war für jeden Scheiß zu haben und hatte immer ein Herz für die Menschen aus der Region. Er stand wirklich zu ihnen“, blickt Herzmanatus heute zurück. Als sich das Ruhrgebiet endgültig vom Bergbau verabschiedet, bringt der damalige Gelsenkirchener Oberbürgermeister Frank Baranowski in der Stadtratssitzung vom 13. Dezember 2018 die Bedeutung folgendermaßen auf den Punkt: „Der Bergbau prägt uns bis heute. Und er wird es in Zukunft tun. Ohne ihn gäbe es Gelsenkirchen nicht. Er hat die Stadt geschaffen und ihr ihr Gesicht verliehen. Mit allen Narben, die so dazugehören.“ Dieses Vermächtnis war auch 20 Jahre zuvor Antrieb für Assauers Handeln.

Den besonders großzügigen Assauer erlebt Ulli Potofski bei einer Sponsorenveranstaltung. Als er sein erstes Kinderbuch „Locke bleibt am Ball“ veröffentlicht, kauft Assauer spontan 1.000 Exemplare und verteilt sie an jeden Gast. „Das fand ich ganz toll.“ Als Assauer und Trainer Jupp Heynckes bei der nächsten Spieltagspressekonferenz auf dem Podium sitzen, die eigentlich ungeschriebenen Gesetzen zufolge nach einem bestimmten Frage-Antwort-Schema abzulaufen hat, grätscht Assauer zunächst dazwischen: „Bevor wir über das bevorstehende Spiel reden: Hier ist der Ulli. Der hat ein neues Buch geschrieben. Ein Kinderbuch. Es hat auch was mit Schalke zu tun.“

„Auf einmal guckten mich die 25 bis 30 Pressekollegen an und waren etwas irritiert, dass sie sich jetzt erst mal etwas über ein Kinderbuch anhören mussten. Das war eine typische Assauer-Aktion. Wo er das Herz ganz weit aufgemacht und gesagt hat: ‚Komm, ich helfe dir.'"

Für das Hörbuch von „Locke bleibt am Ball" engagiert Potofski damals einen kleinen Jungen, der inzwischen ein großer Schauspielstar geworden ist: Max von der Groeben, bekannt aus „Fack ju Göhte" und Sohn der TV-Sportmoderatoren Ulrike und Alexander von der Groeben. Bei einem persönlichen Treffen mit Assauer bittet er ihn unvermittelt um Schalke-Eintrittskarten. „Für das nächste Spiel hat Assauer ihm natürlich sofort zwei Karten geschenkt. So habe ich ihn gekannt und geschätzt. Aber er war sicherlich auch der knallharte Manager und konnte unangenehm sein. Assauer war ein typischer Ruhrgebietsmensch. Er hat auch viele vor den Kopf gestoßen, in acht von zehn Fällen wahrscheinlich auch mit Recht, weil das Leute waren, die nur ans Geld gedacht haben oder Schickimicki waren. Wobei er auch ein bisschen Schickimicki war, das darf man nicht vergessen."

Am 11. September 2001 muss Schalke Fußball spielen. Was sich aufgrund der in den USA verübten Terroranschläge sehr unverständlich anhört, ist an jenem Abend bittere Realität. Zwei Flugzeuge fliegen in die Zwillingstürme des World Trade Centers in New York, Menschen sterben, eine regelrechte Ohnmacht macht sich weltweit breit. In der Arena AufSchalke schweigen die Zuschauer. Aber weil die UEFA nicht mit sich reden lässt, muss die Mannschaft von Huub Stevens gegen Panathinaikos Athen antreten. Verunsicherte Schalker verlieren ihr Vorrundenspiel der Gruppe C mit 0:2. Einen Tag später besucht Potofski Assauer in seinem Büro auf der Schalker Geschäftsstelle und zeichnet ein langes Interview mit ihm auf. „Er war komplett anders. Sehr nachdenklich. Alle Menschen hatten Angst vor dem Ausbruch eines Weltkriegs. Und Assauer sprach darüber, wie wichtig es ist, eine Partnerin und Familie zu Hause zu haben, die dich auffangen und eine Wärme geben. Nichts gegen Fußball, aber die findest du nicht in einem Fußballstadion, eher in einer anderen Form. Es war ein nachdenkliches Gespräch, ein besonderer Moment, eine besondere Form des Interviews. Wir haben bestimmt 90 Minuten dagesessen."

Assauer öffnet sich. Der Mann, für den Fußball alles bedeutet, sagt auf einmal, dass Fußball nicht alles sei. Er geht in sich, reflektiert die unübersichtliche Situation. Sie beschäftigt ihn. Er fragt sich, wie es auf der Welt weitergeht. Fundamentale Fragen, die ein Fußballspiel komplett in den Schatten stellen.

„Wir hatten eine Superbasis mit vielen Momenten, in denen es sehr ins Persönliche, ins Private und auch ins Problematische hineinging. Aber das beruhte auf Gegenseitigkeit. Das hat er sicher nicht mit so wahnsinnig vielen Leuten gemacht. Er hat mir auch mal gesagt: ‚Pass auf, wenn du über Fußball redest, bedenke dies, das und jenes.' Das hat er aus einer Etage heraus gemacht, wo du wenig dagegen sagen konntest, weil du gemerkt hast: Das ist ein Mann, der selbst ein hervorragender Fußballer war, den Europapokal gewonnen, Mannschaften geführt und sie geformt hat."

Spielern, die öffentlich in der Kritik stehen oder polarisieren, fühlt sich Assauer in gewisser Weise verpflichtet und nimmt sie zügig unter seine Fittiche. So erlebt es im Jahr 2000 Thorsten Legat, der beim VfB Stuttgart suspendiert wird und keine Spielzeit mehr erhält. Assauer sieht die Gunst der Stunde und ruft Legat an. Es ist abends, als Legats Festnetztelefon klingelt.

„Hallo!"

„Hier ist Rudi Assauer."

Legat ist irritiert. Er legt auf, weil er einen schlechten Scherz oder Telefonstreich vermutet. Er ist an diesem Abend nicht in der Verfassung für Späße. Außerdem lässt das Festnetzzeitalter noch nicht zu, Anrufer zu erkennen und als wahrhaftige Kontaktaufnahme zu identifizieren. Wenige Augenblicke später ruft Assauer erneut an.

„Wenn du mir noch einmal den Hörer auflegst, Legat! Dann hau ich dir auf die Fresse. Hier ist Rudi Assauer. Beweg deinen Arsch und komm runter nach Schalke."

„Ehrlich?"

„Ja. Hier ist Rudi. Mach hinne. Ich brauche dich."

Es ist der erste Kontakt zwischen Assauer und Legat. Dass er ihn persönlich anruft, rechnet er ihm bis heute hoch an.

„Ich habe mich gewundert und hinterfragt: Was ist denn hier los?! Träumst du? Ein Rudi Assauer ruft Thorsten Legat an. Es war wirklich wahr. Ich war der glücklichste Mensch und sehr stolz."

Als Legat wenige Tage später in Gelsenkirchen eintrifft, wird er von Schalke-Patriarch Assauer in Empfang genommen.

„Willkommen im Ruhrpott, mein Sohn."

„Ich habe mir gedacht: Was ist jetzt hier los? Das habe ich so vermisst. Ich kannte ja die Art der Ruhrpottler, die Mentalität. Ich war sehr, sehr stolz, dass ich wieder da war. Zwar nicht in Bochum, aber auf Schalke. Ich habe den Ruhrpott geliebt. Dann hat er mich in den Arm genommen. Später hat er mich bei Interviews begleitet, hat mich verteidigt. Es war eine schwierige Zeit. Damit ich auf Schalke überhaupt bestehen konnte, war Rudi immer an meiner Seite. Er hat seine Fußballspieler geliebt und sie als seine Schäfchen, seine Kinder betrachtet. Für jeden Einzelnen wäre er durchs Feuer gegangen. Und das hat mich total fasziniert. Ich habe ihn ohne zu übertreiben geliebt – als Mensch und als Manager."

Etwas eisig wird das Verhältnis jedoch, als auf Schalke das neue Mannschaftsfoto geschossen wird, das bis heute einen festen Platz in besonders unterhaltsamen Bundesliga-Rückblicken hat. Legat, der mittig in der zweiten Reihe steht, zieht sich darauf die kurze weiße Hose hoch – bis unter die Achseln des königsblauen Trikots, sodass nur noch knapp der Hauptsponsor erkennbar ist. Auf diese Szene angesprochen antwortet er heute: „Ach, du lieber Gott!"

Schlussendlich wird ausgerechnet diese Aufnahme als offizielles Mannschaftsfoto übernommen und auch im *Kicker*-Sonderheft 2000/2001 abgedruckt. Ein Bild für die Ewigkeit. Wie kommt er beim Shooting auf diese Idee? Er wird nach der hundertsten immer gleichen Aufnahme vor der Arena-Baustelle plötzlich von Olaf Thon angestachelt:

„Lego!"

„Ja, Thoni. Was ist los?"

„Mach was!"

„Was soll ich denn tun?"

„Zieh die Hose hoch!"

„Hast du einen Knall?"

„500 Mark!"

Andreas Möller steigt mit ein: „Von mir auch 500!"

Das lässt sich Legat nicht zweimal sagen. Zwei Tage später muss er dann nur einmal ins Managerbüro bestellt werden, um den Ernst der Lage zu erkennen. Auf dem Weg dorthin blicken ihn die Mitarbeiter bereits mit großen Augen an.

„Dann stand er vor mir. Seine Zigarre war ungefähr einen Meter lang. Er guckte mich ganz, ganz, ganz ernst an und sagte: ‚Setz dich hin, du Vogel.' Ich hatte Angst."

„Hast du mir was zu sagen?"

„Nein, ich weiß gar nicht, warum ich hier bin."

„Legat, hast du den Arsch offen? Was hast du dir da geleistet auf dem Foto?"

„Was ist denn da?"

„Deine Hose! Was hast du gemacht?"

Mit seiner Ausrede kann Legat nicht punkten.

„Der Betreuer hat mir eine 8er-Hose gegeben. Die war zu kurz und deswegen habe ich sie hochgezogen."

„Bist du bescheuert oder was? Ich hau dir auf die Fresse. Du bezahlst erst einmal 20.000 Mark."

„Aber das habe ich doch gar nicht gewollt."

„Nochmal 5.000 für die Mannschaft und ein Abendessen!"

„Das ist aber wirklich bitter. Da bleibt ja nichts mehr übrig."

„Halt die Klappe!"

Legat bleibt nichts anderes übrig, als zu zahlen.

„Im Nachhinein hat er mir dann gesagt: ‚Mir wäre es doch scheißegal, aber du kannst die Hose doch nicht hochziehen. Geh auf den Platz und trainier. Zeig das, was du kannst: Fußball spielen. Ich hab dich lieb.' Das hat noch nie ein Mensch zu mir gesagt."

Als er auf den Trainingsplatz zurückkehrt, wird er bereits erwartet. Alle Spieler und alle Trainer ziehen die Hose hoch und lachen. „Das war ein Bild für die Götter. Rudi war auch nicht nachtragend. Das war nur eine Lappalie für ihn. Er hat dann darüber gelacht. Er hat für Schalke gelebt und ist für Schalke gestorben."

In 14 Jahren Bundesliga erlebt er so manche Führungskraft, ob Trainer und Manager. Einen zweiten Assauer gibt es seiner Meinung nach nicht.

„Er war für mich der Beste überhaupt. Weil Rudi Assauer das gesamte Team mit Putzfrau, Platzwart, Trainer, Spieler, Spielerfrauen, Kinder und Babys als Team gesehen hat. Die Philosophie war: ‚Einer für alle, alle für einen.' Rudi war ein Löwe, ein Tiger. Er hat alles getan – und wenn etwas nicht gestimmt hat, so lang daran gefeilt, bis es gepasst hat. Er war ein wertvoller Mensch in meinem Leben."

Ein schwerer Knorpelschaden im Knie zwingt Legat im zweiten Schalke-Jahr zum prompten Karriereende. Mit 32 Jahren. Für ihn ein einschneidender Moment, er fällt in ein tiefes Loch, versucht seinen Frust im Alkohol zu ertränken. Doch er spürt Rückhalt.

„Ich erinnere mich noch an ein Gespräch unter vier Augen. Das bleibt vertraulich und für immer in meinem Herzen. Das sind liebe Worte von ihm gewesen, über meine Familie und mich. Nur meine Frau und ich kennen sie. Die werde ich mit ins Grab nehmen, weil ich ihn geschätzt und geliebt habe."

Assauer fühlt sich ihm gegenüber verpflichtet. Legats Weg bestand bis dahin aus mehreren Rückschlägen und einer Kindheit mit einem gewalttätigen Vater.

„Ich muss aufpassen, dass ich jetzt nicht weine. Rudi hat meiner Familie und mir beigestanden und gesagt: ‚Du bist ein Teil von Schalke 04. Auch wenn du nur vier Spiele gemacht hast. Du hast bewiesen, dass ich den richtigen Schritt getan habe mit dir. Du bist Publikumsliebling gewesen, du hast alles gegeben, du bist ein Kämpfer. Und ich werde dich auch im privaten Leben so lange unterstützen, wie ich lebe.'"

Zu Assauers Philosophie gehören nicht nur maximaler sportlicher Erfolg, Ehrgeiz und herausragende Statistiken. Für ihn zählt jeder einzelne Mosaikstein, der sich zu einem Gesamtbild zusammensetzt. In Legats erster Saison wird Schalke fast Meister. Assauer begreift jeden einzelnen Spieler und Mitarbeiter als Teil des Vereins und unterscheidet nicht nach Leistung und Leistungsvermögen. Solange erkennbar ist, dass sich jemand dem Team unterordnet, hingibt und aufopfert, hat er bei ihm auf ewig einen Stein im Brett. Und wenn jemand aus den verschiedensten Gründen nicht mehr alles geben kann, wird derjenige nicht fallengelassen, sondern unterstützt.

„Ich werde ihn nie vergessen, weil ich ihn lieb habe."

Die klamme Schalker Kasse zu Beginn der 1990er-Jahre veranlasst Assauer zu einer weiteren außergewöhnlichen Geste: Spieler Andreas Müller, der Jahre später wie beschrieben sein Assistent wird, verklagt den Verein Schalke 04. Präsident Günter Eichberg ließ aufgrund einer schweren Knieverletzung Zahlungen, die Müller trotz sportlichen Ausfalls zustanden, einstellen. Dagegen wehrt sich Müller gerichtlich, wird für seinen Rechtsweg allerdings von Eichberg suspendiert. Als Assauer zu Schalke zurückkehrt und davon Wind bekommt, bittet er Müller in sein Büro. „Ich glaube, das war der erste Kontakt unter vier Augen. Rudi hat mich gefragt, was denn da los gewesen ist, auch weil er die ganzen Unterlagen gesehen hat. Seine Worte waren: ‚Der Verein hat im Moment das Geld nicht. Wir müssen gucken, dass wir aus der Misere herauskommen.' Dann hat er mir die Hand gegeben und gesagt: ‚Wenn der Tag kommt, dass der Verein wieder die finanziellen Möglichkeiten hat, dann regeln wir das.'"

Ein Vertrag wird nicht aufgesetzt, es gilt das gesprochene Wort. Vier Jahre wird Müller in dieser Angelegenheit nichts mehr hören. Das Thema scheint kein Thema mehr zu sein. Bis Assauer ihn wieder ins Büro bestellt. 1997 ist der Verein wirtschaftlich wieder gesund, die Einnahmen nach dem UEFA-Cup-Sieg sprudeln. „Ich sollte ihm aufstellen, was mir zusteht und was noch fehlt. Dann hat er sich darum gekümmert. Das kannte ich in der Form im Fußball eigentlich nicht. Für mich war klar, dass er einer ist, auf den du dich zu eintausend Prozent verlassen kannst. Ein Mann, ein Wort."

Nach diesem Handschlag erwächst ein besonderes Vertrauensverhältnis. Müller wird fortan regelmäßig gefragt, wie es um das Innenleben der Mannschaft bestellt ist und wie sie beispielsweise zum Trainer steht. Assauer hat stets ein Ohr an der Mannschaft, ist nah dran, will nichts dem Zufall überlassen, aber mischt sich nicht operativ ein.

Auf Müllers Meinung wird er auch bei der Entlassung von Jörg Berger hören. Weil jener Berger als Trainer Schalke die Rückkehr auf die große Fußballbühne beschert, genießt er beim Schalker Publikum große Rückendeckung. Eine vorzeitige Trennung aus dem Grund: unvorstellbar. Doch die Kluft zwischen Mannschaft und Trainer wird größer. Assauer bekommt dies am 26. April 1996 hautnah mit. Das Freitagabend-Flutlichtspiel vor gut 20.000 Zuschauern am Hamburger Millerntor endet mit einer 0:2-Niederlage gegen St. Pauli. Auch an diesem Abend sitzt er – wie gewöhnlich – auf der Rückfahrt im Mannschaftsbus, als das Grummeln immer lauter wird. „Wie kann der Berger jetzt auf eine Veranstaltung in Hamburg gehen und nicht mit uns im Bus zurückfahren?“ Die Spieler fühlen sich im Stich gelassen, wenige Tage vor dem nächsten wichtigen Spiel am darauffolgenden Dienstag gegen den VfB Stuttgart, jetzt in der heißen Saisonphase. Ihm wird während der Fahrt nachgesagt, sich im Erfolg der Schalker Spieler sonnen zu wollen. Das internationale Geschäft, das der Klub am Ende der Spielzeit auch erreichen wird, ist schließlich zum Greifen nah. Umso distanzierter ist dagegen das Verhältnis zwischen Mannschaft und Cheftrainer geworden. „Es hat einen Riesenknatsch im Bus gegeben“, erinnert sich Müller. „Rudi ist dann in den hinteren Bereich des Busses gekommen, in dem alle geschimpft haben, und hat gesagt: ‚Jetzt ist Schluss. Wir setzen uns am Montagabend mal zusammen.‘“ Bei der Zusammenkunft im Mannschaftshotel Weissenburg in Billerbeck geigen die Spieler Berger ihre Meinung, es kommen viele Vorwürfe wie unzureichendes Trainingspensum oder taktische Fehler auf den Tisch. Ein brutaler Abend für Berger. „Solche Dinge hat Rudi dann auch gemacht. Wir haben plötzlich die letzten vier Spiele alle gewonnen.“

Wieder einmal liegt der Manager goldrichtig. Nach seiner Idee, ein klärendes Gespräch einzuberufen, folgt die Initialzündung für den maximalen sportlichen Erfolg. Schon am nächsten Tag gewinnen die Knappen ihr Heimspiel gegen Stuttgart mit 2:0. Schalke beendet die Saison auf einem fulminanten dritten Tabellenplatz, nur drei Jahre, nachdem der Verein mit dem Rücken zur Wand stand.

Das reinigende Gewitter motiviert die Truppe, es bleiben allerdings dunkelgraue Wolken am königsblauen Himmel. Müller: „Ich habe Rudi klipp und klar ins Gesicht gesagt: ‚Besser du löst den Vertrag mit Berger auf. Die Mannschaft reißt sich jetzt noch einmal zusammen, aber es hat keine Zukunft. Es wird enden mit ihm.‘ Rudi hat mir aber zu verstehen gegeben: ‚Den Trainer, der Schalke in den UEFA-Cup führt, kann ich nicht einfach rausschmeißen – beim größten Erfolg der vergangenen 20, 30 Jahre.‘ Das konnte ich auch verstehen.“

Auch in der neuen Spielzeit können die Gräben zwischen den Spielern und Berger nicht zugeschüttet werden. Die Zusammenarbeit endet – unter großen Fanprotesten. Doch Assauer bleibt standhaft, verteidigt seine Entscheidung und installiert den bis dato in Deutschland unbekannten Huub Stevens als neuen Trainer. Das wird sich später als beste Trainerentscheidung Assauers entpuppen.

Nach dem größten Erfolg der Schalker Vereinsgeschichte läuft es in der Bundesliga nicht rund, Ergebnisse bleiben aus, Unruhe macht sich breit. In dieser Phase ruft Assauer Müller eines Abends an. Es ist 18, vielleicht 19 Uhr, als Müllers Telefon klingelt.

„Kannst du zur Geschäftsstelle kommen?“

„Klar, aber warum?“

„Jetzt komm her!“

Ohne zu wissen, was ihn erwartet, biegt Müller kurze Zeit später auf das Schalker Vereinsgelände ein. Er parkt seinen Wagen vor der Geschäftsstelle, betritt das Klubhaus. Unzählige Augenpaare schauen ihn gespannt an. Vor ihm sitzt der komplette Aufsichtsrat. Eine für ihn unerwartete Zusammenkunft, deren Thema schnell klar wird: Wie steht Müller zu Stevens? Wie schätzt er die aktuelle Situation ein? Kriegt Stevens noch die Kurve? Aufgrund der sportlichen Talfahrt möchte der Aufsichtsrat Assauer dazu bewegen, über einen neuen Trainer nachzudenken. Müller, bereits im fortgeschrittenen Fußballeralter und kein gesetzter Stammspieler mehr, beantwortet daraufhin eine halbe Stunde geduldig die Fragen des Kontrollgremiums und hält eine Rede, die keine Zweifel offenlassen wird:

„Huub ist der beste Trainer, den Schalke sich vorstellen kann. Klar haben wir jetzt gewisse sportliche Probleme in der Truppe, aber Huub kriegt das in jedem Fall hin und ist nach wie vor der richtige Trainer an der richtigen Stelle."

Mehr als zwei Jahrzehnte später denkt Müller ungläubig an dieses Erlebnis zurück. „Ich wusste gar nicht, um was es geht. Rudi hätte mir sagen können, dass es um den Kopf von Huub geht, ich eine Laudatio halten soll. Aber das beschreibt ihn ziemlich gut. Er hat mir komplett vertraut, dass ich nicht aus Eigeninteresse irgendeinen Blödsinn erzähle. Ich hätte ja auch sagen können, ich bin unzufrieden, weil ich nicht spiele. Das waren aber nicht meine Gedanken. Wir beiden hatten dieselbe Auffassung von Fußball, wie man miteinander umgeht, vor allem aber dieselbe Auffassung von Schalke 04."

Holger Constabel ist ein sehr kreativer Mensch. Jedenfalls müssen sein Umfeld und die Nachbarschaft erst einmal so viel Fantasie aufbringen, in einem kleinen Weg zwischen zwei Häusern eine prachtvolle Allee zu sehen. Constabel aber ist davon überzeugt, dass der Pfad zwischen den Grundstücken – seinem Haus und dem Nachbargrundstück – in Hohendodeleben im Landkreis Börde in Sachsen-Anhalt, westlich von Magdeburg, einen nie dagewesenen, besonderen Namen tragen soll. Weil er glühender Schalke-Fan ist, fällt ihm die Wahl nicht schwer. Bei einer Bacardi-Cola und einem Bier entscheiden er und ein Freund sich: Diese 16 Meter sollen Rudi Assauer gewidmet werden. „Weg und Straße erschienen uns zu klein. Deswegen haben wir eine Allee daraus gemacht." Zur feierlichen Einweihung am 30. März 2010 schaut auch das *DSF* mit einem Kamerateam vorbei. Doch sie sind nicht allein. Sie bringen einen Überraschungsgast mit: Rudi Assauer. „Du bist ein Verrückter. Kompliment. Ich fühle mich geehrt."

Der heute 60-jährige Constabel kommt auch 14 Jahre später aus dem Staunen nicht mehr heraus. „Es war das Bewegendste in meinem ganzen Leben. Rudi saß von zehn bis abends neun Uhr mit uns zusammen. Es war so ein schöner Tag. Er hat sich auch bei uns bedankt und gesagt, dass er uns das nicht vergessen wird. Er wirkte richtig befreit, mit einfachen Fans und nicht Vertretern anderer Vereine zu quatschen." In der *Magdeburger Volksstimme* wird er damals mit den Worten: „Ich bin heute der glücklichste Fan von Schalke 04", zitiert.

Bereits bei früheren Begegnungen lernt er Assauer von einer besonders menschlichen Seite kennen. Der Bezirksleiter der östlichen Schalke-Fanklubs erlebt ihn bei Absprachen. Assauer schätzt, dass so viele Anhänger zu jedem Heimspiel Reisestrapazen mit 400 bis 600 Kilometern auf sich nehmen, um den Ruhrgebietsklub live zu sehen. Als Constabels Tochter Diana einmal zur Miss Schalke gewählt wird, fragt Assauer, welchen Wunsch sie habe. Ihre Antwort: „Ich möchte einmal Olaf Thon treffen."

Nur wenige Wochen später steht Assauer tatsächlich mit Olaf Thon, dem damaligen Pressesprecher Gerd Voss und Mannschaftsbetreuer Charly Neumann auf der Matte. Es gibt ein leckeres Abendessen in Magdeburg. Ein Versprechen muss eben eingehalten werden.

Nachdem Assauer bei Schalke aufhören muss, benennen sie ihren Fanklub „Königsblaue Domspatzen Magdeburg" um und nennen sich seitdem „Rudis Helden".

Inflationär wie manch anderer im Bundesliga-Business ist Assauer nie mit dem Begriff Freund umgegangen. Einer von ihnen war der bereits erwähnte Franz Böhmert. Der langjährige Präsident des SV Werder Bremen schenkt ihm 1976 das Vertrauen. Ein 32-jähriger Ex-Profi als Manager ist ein Novum. Ins Wanken gerät ihre Verbindung nur 2003, als Assauer innerhalb kurzer Zeit dem späteren Double-Gewinner Werder Bremen einen prominenten Stürmer sowie einen begnadeten Abwehrspieler abluchst. „Wir hatten 32 Jahre lang eine intakte

Freundschaft. Aber was Rudi mit mir bei den Transfers von Aílton und Krstajić gemacht hat, ist für mich unfassbar. Er hat mich so beschädigt, wie es noch kein anderer Mensch getan hat", gibt sich Böhmert gegenüber der *Sport-Bild* fassungslos. Werders Vorstandsvorsitzender Jürgen L. Born setzt erhitzt einen drauf: „Assauer und unser Aufsichtsrat Dr. Böhmert sind seit fast 30 Jahren befreundet. Und dann kommt der hierher ins Stadion, trinkt kostenlos Bier und pflügt nebenbei noch die besten Spieler ab." Öffentlich versucht Assauer mit der Erklärung: „Ich habe mit Franz gesprochen, die Sache ist erledigt", die Berichterstattung abzukürzen. Nur ein Jahr später, kurz nach Weihnachten, stirbt Böhmert im Alter von 70 Jahren.

Eine weitere Bezugsperson ist Wolfgang Neugebauer. Die beiden Männer lernen sich Ende der 1970er-Jahre ebenfalls in Bremen kennen. Weil Neugebauer Pfeifenraucher ist, macht Assauer ihm sein Hobby nach. Gemeinsam rauchen sie Pfeife, doch irgendwann nervt ihn das unpraktische und unhandliche Equipment. „Ich hab keinen Bock, immer mit diesem Täschchen rumzulaufen!" Daraufhin lässt sich Assauer in einem Tabakgeschäft beraten und pafft seither dominikanische Zigarren. Sein ewig bleibendes Markenzeichen wird geboren.

„Ich kenne ihn nur rauchend", sagt Neugebauers Tochter Kathrin Kalau von Hofe. Sie erlebt ihn bereits als Kind. „Rudi hatte immer extrem gute Laune. Schon früh morgens hat er im Bad gepfiffen, unter der Dusche gesungen. Und zwar so laut, dass es meine Mutter schon genervt hat um die Uhrzeit".

Bei Altherrenspielen erlebt sie, wie grob Assauer und seine Mitspieler miteinander umgehen können. „Die haben sich beschimpft, aber unter aller Kanone. Da habe ich gedacht: ‚Krass, was ist denn hier los? Die können danach sicher kein Bier mehr zusammen trinken.' Rudi war immer der Lauteste. ‚Alle sind bescheuert, keiner hat Ahnung von Fußball.' Kaum war das Training oder Spiel zu Ende, waren alle beste Freunde. Es war auch keiner nachtragend. Das war typisch Rudi."

Mit Samthandschuhen kann er sicherlich nichts anfangen, erst recht nicht im übertragenen Sinne. Gleichzeitig fühlen sich Gäste in seinem Bremer Reihenhaus wie zu Hause. „Er hat oft zu meinem Papa gesagt:

‚Kommt doch vorbei.'

‚Nee, wir haben die Kinder hier.'

‚Ach, bringt die doch mit!'

Wir Kinder durften auch in jedes Zimmer gucken. Wir haben abends zusammen gegessen. Man durfte in Rudis Haus wirklich alles. Als Kind fand ich es immer komisch, ihn in der ‚Sportschau' im Fernsehen zu sehen. Für mich war das auch keine Berühmtheit. Er war ja auch bei der Konfirmation von meinem Bruder dabei, obwohl es ein Spieltag am Wochenende war." Als Assauer einmal Geldprobleme hat, greift ihm Neugebauer unter die Arme. Sie besiegeln ihre Abmachung ohne schriftlichen Nachweis. Später zahlt Assauer verlässlich und wie verabredet den Betrag zurück. Als seine Tochter die Schule abbricht, klagt Neugebauer Assauer sein Leid.

„Ach, Rudi. Mein Trinchen weiß nicht, was sie machen soll. Sie ist ein bisschen planlos im Moment."

„Schick sie zu mir. Dann soll sie eine Ausbildung bei uns auf Schalke machen."

Eine unerwartet schnelle Jobzusage am Telefon, die später noch offiziell bestätigt werden muss. Auch eine ordnungsgemäße Bewerbung muss Kathrin Kalau von Hofe einreichen. Weil im Anschreiben ein Fehler enthalten ist, erhält sie die Unterlagen zurück. Im zweiten Anlauf klappt es dann. Der erste Lerneffekt.

„Es war eine Ausbildung zur Bürokauffrau. Aber man ist durch alle Bereiche gegangen. Das war Rudi wichtig, weil er gesagt hat: ‚Ihr müsst den Verein von Grund auf kennen. Das, was uns ausmacht und uns oben hält, sind unsere Fans. Wenn die nicht mehr kommen, können wir den Laden zumachen.' Deswegen mussten alle Azubis das erste halbe Jahr im Fanshop arbeiten. Ich habe keinen Brief geschrieben, kein gar nichts. Erst mal nur Etiketten ausgedruckt und den Plastik-Diebstahlschutz an die Trikots geheftet."

Assauer lässt sich auf dem Laufenden halten, was die Schalker Fans bewegt, wie sie gerade denken, was ihnen auf dem Herzen liegt.

„Ihr müsst sehen, was die Leute kaufen, wie viel sie kaufen, was das für ein Umsatz ist. Das trägt unseren Verein. Ihr müsst das verstehen: Wie viel Geld es für Leute ist, die nicht viel verdienen."

Kalau von Hofe durchläuft nach der Arbeit im Fanshop ab 2002 in den folgenden dreieinhalb Jahren alle weiteren Stationen im Verein bis hin ins Vorstandssekretariat. Irgendwann ist sie sogar für die korrekte Abwicklung der Spielergehälter zuständig. Immer wieder erlebt sie Assauers normabweichende Belohnungen der Mitarbeiter. „Wenn etwas gut lief, hat Rudi mittags angekündigt: ‚So, wir stechen jetzt ein Fass an.' Dann haben alle Leute, die in der obersten Etage gearbeitet haben, ein Bier gekriegt. Das war Rudi. Wenn alle gut gearbeitet haben, konnte er das wertschätzen."

Einmal springt er für sie in die Bresche, als Stürmer Emile Mpenza von ihr erwartet, ihm seinen Anzug und die Schuhe zu bringen, die jeder Spieler am Empfang abholen sollte. „Alle Spieler haben sich den Schlüssel geholt und sind selbst nach hinten in den Raum gegangen. Das habe ich ihm auch gesagt. Doch er wollte, dass ich die Sachen hole." Assauer kommt dazu, bemerkt die Szenerie. „Was ist hier los? Jeder holt sich seine Sachen selbst!"

„Das fand ich so cool, dass er auch einem kleinen Azubi geholfen hat. Er hätte ja auch sagen können: ‚Sag mal spinnst du, wie du hier mit ihm redest?'"

Als Schalke 2002 das DFB-Pokalfinale erreicht, werden auch die Mitarbeiter und Auszubildenden zum Spiel eingeladen. „Wir sind mit dem Zug hingefahren, hatten einen DJ, einen Transfer zum Stadion, konnten in Berlin auch im selben Hotel schlafen. Wir konnten uns für die Fahrt eintragen, es kann auch nicht viel gekostet haben. Es muss ein kleiner Obolus gewesen sein, anders hätte ich mir das als Azubi gar nicht leisten können. Das zeigt Rudis besondere Form der Wertschätzung. Dass jeder viel wert ist und nicht nur die Spieler, die viel verdienen."

Und dann gibt es auch den Lautsprecher im Arbeitsalltag. Weil sie regelmäßig zum Reiterhof fährt, gibt Assauer ihr, wenn es andere mitbekommen, mit auf den Weg: „Na, Kleene. Gehst du dir wieder den Arsch plattsitzen?"

„Ich habe gelächelt und mir gedacht: ‚Lustig, denn so bist du eigentlich gar nicht.' Er hatte eine gute Fassade."

1996 liest die Gelsenkirchenerin Stefanie Hester in der Zeitung eine Annonce: „Kellnerin gesucht". Es geht bei diesem Stellengesuch nicht etwa um eine Bar, Eckkneipe oder eine alteingesessene Bundeskegelbahn, sondern um den Aufenthaltsraum der Schalker Spieler und ihrer Familien. Kurz gesagt: Servicekraft für die Profiabteilung. „Da bewerbe ich mich", denkt sich die gelernte Restaurantfachfrau. Steffi, wie sie schon immer von Freunden genannt wird, wird daraufhin eingeladen. An ihrem ersten Arbeitstag steht Rudi Assauer vor ihr. Ihre Knie schlottern. „Kaugummi entsorgen! Das will ich hier nie wieder sehen." Für den ersten Eindruck gibt es keine zweite Chance. Doch schnell wird die Verbindung zum Verein enger, ihr Aufgabenfeld größer. Steffis Mann Rainer ist glühender Schalker, Dauerkartenmitglied. Schon wieder ist eine Zeitungsannonce der nächste Auslöser. Rainer entdeckt die Anzeige „Hausmeister-Ehepaar für das Schalke-Internat gesucht". Zunächst kann Steffi sich diese Verpflichtung und den Umzug aufs Vereinsgelände überhaupt nicht vorstellen, doch ihr Mann leistet ordentliche Überzeugungsarbeit.

In dieser Zeit lernt sie Rudi Assauer von einer anderen Seite kennen: nicht mehr streng, sondern kumpelhaft. Weil Steffi erst mit 33 Jahren ihren Führerschein macht, drückt er ihr den einen oder anderen Spruch und zieht sie wegen ihrer Nervosität auf. Ihre erste Fahrprüfung missglückt sogar. Der nächste Spruch. Nach ihrer zweiten praktischen Prüfung kehrt sie an ihren Arbeitsplatz zurück, steht aufgebracht an der Rezeption der Geschäftsstelle, fängt an zu weinen. Schnell erkennt auch Rudi Assauer die Situation. „Hester, was ist jetzt?“, fragt er, bis Steffi stolz verkünden kann: „Manager, ich habe bestanden!“

„Warte hier!“, sagt Assauer, verschwindet im Fahrstuhl, geht in sein Büro und kehrt mit einer riesengroßen Champagnerflasche, zwei Gläsern und einer Zigarre wieder. „So, das feiern wir jetzt! Und du kannst mich ab sofort nach Hause fahren, Hester'sche.“

„Das war unglaublich schön. Er hat immer ein offenes Ohr gehabt für seine Angestellten. Als Chef gab es keinen besseren, weil er so menschlich war. Bei Weihnachtsfeiern hat Rudi Wert darauf gelegt, dass die Profis nicht unter sich sind, sondern mit uns Angestellten am Tisch sitzen.“

„Es klappte aus seiner Sicht nur, wenn wir alle zusammen funktionieren. Wenn die Tickets verkauft werden, wenn die Trikots verkauft werden, wenn die Spieler vernünftig spielen und alle gleichzeitig für den Verein alles geben“, ergänzt Kathrin Kalau von Hofe.

Assauer selbst formuliert immer wieder, dass die Spieler „Eigentum der Fans“ sind. Nach jedem Training stehen sie für Autogramme und Fotos bereit. Wer früher die Biege machen möchte, wird ermahnt. Auch welches Auto zum Spieler passt und welches ihn überheblich wirken lassen könnte, wird von ihm beurteilt.

Bei der bereits beschriebenen Entlassung von Jörg Berger, einem einschneidenden Moment und einer Entscheidung, die viele Fans nicht nachvollziehen können, ist Hester hautnah dabei. Intern hatten sich Mannschaft und Trainer auseinandergelebt, was nach außen gut verheimlicht wurde. „Da wurden dann erst mal im Vereinsheim die Rollos runtergezogen, weil die Fans eskaliert sind. Rudi ist dann irgendwann raus, hat eine Runde Bier gegeben, alles beschwichtigt und mit den Fans gesprochen: ‚Okay, passt auf, ich erkläre euch jetzt alles'", erinnert sich Hester.

Heute, mehr als zwei Jahrzehnte später, ist sie immer noch auf Schalke und die gute Seele der Schalker Nachwuchsabteilung, der sogenannten „Knappenschmiede". Sie kümmert sich um die Wäsche und zusätzlich um die Sorgen und Nöte der Nachwuchskicker. „Sie könnten meine Kinder sein." Eine Haltung, die Assauer ihr vorgelebt hat.

Mittwochs spielt er mit Angestellten Fußball. Gewinnt sein Team, wird es ein längerer Abend in der Gaststätte auf dem Vereinsgelände. Auch alle Mitarbeiter trinken auf seinen Deckel. Verliert er, zischt er nur ein Krefelder an der Theke und fährt nach Hause. Eine weitere Tradition: Kurz vor Weihnachten lädt er die Angestellten in der dritten Etage der alten Geschäftsstelle auf mehrere Bier ein – und trinkt selbst mit. „Manche haben den 24.12. dann, glaube ich, nicht erlebt", lacht Hester.

Mittelfeldspieler Ingo Anderbrügge wird jedoch einmal relativ schnell feststellen, dass er bei Assauers offener Tür keine offene Tür einrennen wird. Zwar hört sich Assauer geduldig Anderbrügges Bedenken an, dass er zu wenig Spielzeit erhalte, seinen Vertrag eigentlich verlängern wolle und der Trainer ihn nicht aufstelle – bis er ihm abschließend den Rat gibt: „Geh damit zum Trainer." Auch als Jörg Böhme sich jeweils über Huub Stevens und Jupp Heynckes beschwert, nimmt er das lediglich zur Kenntnis und behält das Gespräch für sich. Nichts zu machen. Zwischen Manager und Trainer passt kein Blatt. Loyalität wird nicht ans Herz gelegt, sondern auch gelebt. Und er gibt

Anderbrügge einen weiteren Rat: „Er war sowohl kritisch als auch lobend oder motivierend. Irgendwann hat er mir mal gesagt: ‚Wenn du nicht so viel Business betrieben hättest, wärst du Nationalspieler geworden.'" Anderbrügge kommt ins Grübeln. Anfang der 1990er-Jahre öffnet er ein Sportgeschäft mit 200 Quadratmetern, arbeitet in jeder freien Minute, stellt Mitarbeiter ein, ordert Ware. „Was hätte ich sonst montags oder mittwochs nachmittags machen sollen, wenn wir frei hatten? Na ja, vielleicht hätte ich Krafttraining machen sollen." Doch er weint der Möglichkeit nicht nach. Neben seiner Zeit als Fußballprofi bei Schalke entwickelt er sich in einem ganz anderen Berufsfeld, lernt die Selbstständigkeit von der Pike auf, zahlt Lehrgeld und sammelt Erfahrungen, von denen er bis heute profitiert. Nach über elf Jahren bei Schalke 04 macht Anderbrügge noch einmal Station bei den Sportfreunden Siegen, ehe er seine Karriere beendet. „Der Manager hat mir ein Abschiedsspiel versprochen. Aber wir haben nie etwas schwarz auf weiß festgehalten, es gab keinen Vertrag." Terminliche Kollisionen sorgen dafür, dass das Spiel mehrmals verschoben wird. 2001 kann es wegen des Stadionumzugs und der Eröffnung der neuen Arena nicht stattfinden. Soll es dann tatsächlich erst 2002 klappen? Anderbrügge zweifelt in einem persönlichen Gespräch an der Machbarkeit. Er überlegt, ob er sich die Zusage nicht doch hätte schriftlich geben lassen sollen.

„Wie wollen Sie mir denn zwei Jahre später die Arena vollmachen? Mich kennt schon jetzt keine Sau mehr."

„Ich mach dir das Stadion voll. Schnauze."

Assauers Plan geht auf. Er kombiniert das Abschiedsspiel mit einem Tag der offenen Tür, verkauft günstige Eintrittskarten. Anderbrügge läuft ein letztes Mal im königsblauen Jersey auf, während das Stadion bis auf den letzten Platz gefüllt ist. Ein weiterer Fall von: gewusst wie.

Assauer schlägt sogar vor, dass 24 Kinder aus Anderbrügges Fußballschule ein Vorspiel machen. Zweimal 15 Minuten dürfen sie im Vorfeld der Begegnung ebenfalls auf den Arena-Rasen.

„Es war toll. Beim Einlaufen habe ich die Kinder abgeklatscht und meine Trainer Jörg Berger, Aleksandar Ristić und Huub Stevens begrüßt. Heute würde man das nicht mehr machen, weil ja jeder meint, Kinder drehen die Rasenhalme um. Da darf vor dem Spiel keiner auf den Rasen."

Wie mitfühlend Rudi Assauer sein kann, erlebt Thomas Gerstner hautnah. Der ehemalige Fußballprofi spielt während Assauers Engagement beim VfB Oldenburg, zu der Zeit Zweitligist. Ein tragischer Unfall wird sein Leben auf den Kopf stellen. Gerstner gerät 1992 mit seinem Auto unter einen Lastkraftwagen. Bei dem folgenschweren Unfall sterben seine Frau und sein zweijähriger Sohn. Der damals 25-jährige Mittelfeldspieler und seine dreijährige Tochter überleben verletzt. Sie haben Schnittwunden und müssen den Schock verarbeiten. „Rudi hat sofort alles in die Wege geleitet", sagt der jetzige Trainer der ersten Frauenmannschaft des MSV Duisburg mit 30 Jahren Abstand über die dunkelste Zeit seines Lebens und seiner Karriere. Assauer ruft Gerstner täglich an, erkundigt sich nach seinem Empfinden, unterstützt die Vorbereitungen für die Beisetzung, hat ein offenes Ohr, ist neben seiner Familie eine große Stütze. „Außerdem hat Rudi sich gekümmert, dass ich wenige Wochen später auf den Trainingsplatz zurückkehren konnte. Ich weiß, dass er vorher der Mannschaft gesagt hat: ‚Wenn der Thomas jetzt zurückkommt, benehmt euch so normal wie möglich, das ist das, was er braucht. Nicht, dass ihr denkt, ihr dürft nicht lachen und sonst irgendwas, sondern er braucht jetzt genau diese Freude.' Er konnte sich in solche Situationen hineinversetzen und hat dafür gesorgt, dass ich mich gleich wieder wie ein Fußballer gefühlt habe. Er hat mir unglaublich geholfen nach dem Schicksalsschlag." Die komplette Mannschaft ist bei der Beerdigung südlich von Mainz dabei.

„Das war im Nachgang betrachtet wahrscheinlich das Wichtigste, was mir in der Zeit passiert ist. Rudi hat wie ein väterlicher Freund verhalten." Knapp zehn Jahre später macht Gerstner während seiner Fußballlehrerausbildung Station in Gelsenkirchen, nicht das einzige Wiedersehen. Einige Male darf er das Training der Schalker auch vom Vorstandsbalkon gemeinsam mit Rudi Assauer begutachten. Mit den Worten: „Komm, Thomas! Wir gehen hoch und trinken Kaffee", schiebt er ihre Unterhaltungen des Öfteren zwischen wichtige Termine.

Assauer hilft auch, als ein weiterer Oldenburger Spieler im Frühjahr 1992 ein furchtbares Schicksal erleidet. Jerzy Hawrylewicz fällt ins Koma. Bei einer Begegnung gegen den hannoverschen SC geht er aufgrund eines Herzinfarkts zu Boden und muss von Co-Trainer Klaus-Peter Nemet reanimiert werden. Weil sein Gehirn acht Minuten nicht mit Sauerstoff versorgt wird, trägt er bleibende Schäden davon, leidet infolgedessen am apallischen Syndrom. „Auch da hat Rudi dafür gesorgt, dass es Jerzys Familie gut geht. Wir Spieler haben verschiedene Benefizaktionen gemacht und Geld gesammelt. Rudi war immer mit involviert und hat gesagt: ‚Das finde ich toll. Von mir gibt's auch was dazu. Das ist ganz selbstverständlich für mich. Aber bitte behaltet es für euch.' Das waren auch keine kleinen Summen, es war ein großer Batzen Geld. Er wollte dieses Lob aber nicht für sich einheimsen. Das hätte sicher nicht jeder gemacht."

Assauer kümmert sich, dass die Familie genügend Geld von der Versicherung bekommt. Jerzy Hawrylewicz liegt annähernd 17 Jahre im Wachkoma und wird liebevoll von seiner Familie gepflegt. 2009 stirbt er im Alter von 50 Jahren und hinterlässt seine Ehefrau Ewa und drei Kinder.

Vor wenigen Monaten hat Thorsten Machelett sein 1.000. Schalke-Pflichtspiel live im Stadion gesehen. Der Ennepetaler, in der Fankurve eher als „Kluti" bekannt – in Anlehnung an seinen Fanklub „Kluti's Ennepetal" –, hat mit Schalke alle Höhen und Tiefen erlebt: Bundesliga, DFB-Pokal, Champions League, UI-Cup, Supercup, selbstverständlich die legendären Europapokalspiele der „Eurofighter", aber auch sportliche Misserfolge, Durststrecken, Mittelfeldplatzierungen in der Bundesliga und zwei Abstiege. Kluti ist 1997 im Stehplatzbereich des Mailänder „San Siro"-Stadions dabei, was auf einem *Eurosport*-Mitschnitt, der ihn in Großaufnahme zeigt, festgehalten ist. Am 2. April 1994 besucht er zusammen mit drei Freunden das Schalker Auswärtsspiel in Freiburg. Im Dreisamstadion gewinnen die Knappen durch ein spätes Tor von Youri Mulder mit 2:3. „Nach dem Sieg waren wir entsprechend ausgelassen, haben noch im Stadion gefeiert. Nicht ganz nüchtern, aber standhaft haben wir den Rückweg angetreten. An einem Rastplatz mussten wir tanken, der Weg war ja weit. Auf einmal fuhr eine E-Klasse vor. Es war der Kombi von Rudi. Ich bin dann rübergesprintet, als wäre er der Messias. ‚Rudi, du brauchst hier nicht tanken. Ich mach das. Lass mich dich betanken. Du kannst schon mal zum Bezahlen reingehen – und bring ein Bier mit.' Das hat er sich nicht zweimal sagen lassen. Er kam wieder raus mit den Worten: ‚Jungs, ihr seid echt verrückt', und hat uns einen Sechserträger Bier in die Hand gedrückt. Es war so eine coole Begegnung!"

Kluti ist zu dem Zeitpunkt 20 Jahre alt, geht auf seine ersten großen Fußballreisen und trifft eines seiner Idole zufällig auf demselben Rastplatz, zufällig an derselben Zapfsäule, wobei es durchaus bei anderer Gelegenheit ein Zapfhahn hätte sein können, wie bei Olaf Thons 18. Geburtstag.

„Das Erlebnis bleibt in unseren Köpfen und im Gedächtnis. Rudi verkörperte unseren Verein und fehlt heute an allen Ecken und Enden. Solche Typen gibt es heute nicht mehr."

Fragt man heute Schalke-Fans, was sie mit Rudi Assauer verbinden oder erlebt haben, sprudelt es nur so aus ihnen heraus.

Persönliche Treffen, kleine Gesten, unvergessene Situationen treten zutage.

Als ein Glaser einmal spät abends zu Assauers Haus gerufen wird, weil jemand eine Scheibe eingeschlagen hat, ist dessen Nachbarjunge Sascha Jäger dabei. Der Glaser weiß, dass der Zwölfjährige riesengroßer Schalke-Fan ist, und hat ihn kurzerhand als „Praktikanten" mitgenommen. „Rudi fand die Aktion megalustig, hat mir etwas zu trinken angeboten, mich herzlich umarmt und zum Abschied einen Autogrammball der ‚Eurofighter' geschenkt. Ich werde seine Herzlichkeit und offene Art nie vergessen."

Matthias Bermel wartet 2002 nach dem Pokalsieg mit seinem Vater vor dem Schalker Mannschaftshotel in Berlin, als auf einmal Rudi Assauer vorbeiläuft. „Wir haben lange miteinander gesprochen. Er ist extra für mich ins Hotel gegangen, um mir ein Autogramm von Ebbe Sand zu besorgen."

Eines Tages besucht Assauer mit Spieler Mike Büskens einen Schalke-Fanklub im sauerländischen Marsberg. Als sich Fan Holger Nolte mit einer brennenden Tankstellenzigarre für ein Foto neben beide gesellt, beschwert sich Assauer pikiert über den „Krautstumpen" und bietet ihm eine seiner guten an. „Der Mike ist diesen Geruch gewöhnt. Der ist auch gut für seine Kondition."

Nachdem Assauer 2006 die Schirmherrschaft einer Ausstellung des münsterländischen Autogrammsammlers Peter Krevert übernimmt, erkundet er die historische Altstadt von Burgsteinfurt, wird immer wieder erkannt, schüttelt viele Hände und erfüllt Fotowünsche. Als Krevert auf die Uhr tippt und zur Fahrt ins Kreishaus drängt, in dem der Landrat mit über 500 Schalkern diverser Fanklubs wartet, meint er gelassen: „Jetzt mach mal keinen Stress, Alter. Wir kommen 'ne Viertelstunde später, dann kocht der Saal so richtig schön!"

Nach der Ausstellungseröffnung möchte der Landrat eine Kiste Pils der Steinfurter Rolinck-Brauerei in Assauers Kofferraum packen, doch er winkt nur ab: „Auf den Beifahrersitz damit. Wenn die Polizei mich kontrolliert, kann ich den Jungs diesmal auch ein Pils zur Autogrammkarte reichen."

Auch Assauers Zwillingsschwester Karin lernt ihren Bruder immer wieder von einer humorvollen Seite kennen. „Als ich älter wurde und angefangen habe, mich zu schminken, hat er immer gesagt: ‚Wie siehst du eigentlich aus? Ist unser Vater Anstreicher oder wat is' los?'"

Im Kindes- und Teenageralter piesackt er sie, später greift er ihr auch schon mal finanziell unter die Arme. „Dann habe ich ihm das Geld wiedergegeben, wollte er aber nicht." Sie bemerkt schnell, dass ihm das Kokettieren als Frauenschwarm Freude bereitet. „Er sah ja wirklich gut aus", betont Karin. „Er hat aber immer nur so getan, als hätte er eine harte Schale."

Selbst als Moderator Jörg Wontorra im Jahr 2005 in der Livesendung „Doppelpass" behauptet, Assauers „Grundnahrungsmittel" sei „flüssig", erwartet er lediglich eine Entschuldigung und öffentliche Richtigstellung in der nächsten Sendung. Gesagt, getan, abgehakt. Es wird nicht mehr nachgetreten. Senderverantwortliche sollen ihn gefragt haben, welche Konsequenzen er sich wünsche. Als er hört, dass andere TV-Sender Wontorra daraufhin nicht unbedingt weiterbeschäftigen würden, verpufft sein Ärger. Tage später gibt er im „Aktuellen Sportstudio" lediglich zu Protokoll: „Dass ich ein lebensbejahender Mensch bin, weiß jeder. Aber mich in eine Ecke zu stellen, gehört sich nicht."

EIN (UN)GLEICHES DUO

Eine feine Wohnsiedlung mitten im niederländischen Eindhoven, über 200.000 Einwohner. Die Sonne mobilisiert Ende September 2023 noch einmal alle Kräfte. An diesem Dienstagmittag ist es besonders sonnig und warm. Vor einem weißen Neubau mit großzügiger Einfahrt stelle ich das Auto ab und werde an der Tür bereits erwartet: Huub Stevens öffnet, gibt mir die Hand und fragt, wie es mir geht. Auch seine Ehefrau Toos kommt hinzu und begrüßt mich. Als ich Huub wenige Tage zuvor die Idee zum Assauer-Buch präsentiere, ist er sofort angetan. „Das hat Rudi verdient!"

Auf meinem Laptop spiele ich ihm alte Ausschnitte ihrer gemeinsamen *Premiere*-Sendung aus dem Jahr 2007 vor. Nach seiner Entlassung bei Schalke moderiert Rudi wie bereits erwähnt im Pay-TV regelmäßig eine eigene Sendung, in der er Fußball-Protagonisten wie Hans Meyer, Christoph Daum, Jens Lehmann und Uli Hoeneß an ihren Wirkungsstätten interviewt. „Sach et Rudi" heißt das TV-Format, für das er auch seinem alten Kompagnon Stevens während dessen Trainertätigkeit beim HSV einen Besuch abgestattet hat.

Über die Anrede „Alter" freut sich Huub bis heute. „Ich war zwar jünger. Aber Assi sah, wie er selbst fand, besser aus. Deswegen hat er mich immer ‚Alter' genannt."

Eine sinnbildliche Szene: Im Hamburger Hafen schlendern sie an einer Fischbude vorbei, stellen sich an und bestellen Matjes. „Hat einer Geld dabei?", fragt Rudi wie selbstverständlich das Kamerateam und seinen Interviewpartner Huub, allerdings nur für den Joke. Er zahlt anschließend, während alle Beteiligten sich köstlich amüsieren.

Wir nehmen im Wintergarten Platz, Toos bringt uns zwei Tassen Kaffee und ich sehe das Leuchten in Huubs Augen.

Dass sich die Wege der Fußball-Liebhaber Assauer und Stevens überhaupt erst kreuzen, ist einem Zufall zu verdanken. Anfang August 1995 findet in Kerkrade ein kleines Fußballturnier statt. Huubs damaliger Verein Roda Kerkrade, Eintracht Frankfurt, der 1. FC Köln und Schalke 04 treffen in Freundschaftsspielen aufeinander. Es sind sonnige und besonders heiße Sommertage. „Da habe ich Rudi zum ersten Mal gesehen. Beim Aufwärmen von Schalke ist er dazwischen gelaufen, kurze Hose, Zigarre. Ich habe mir gedacht: ‚Komischer Kerl, wer ist das?' Ich hatte auch eine kurze Hose, aber keine Zigarre. Jörg Berger, der damals Trainer von Schalke war, stand da sogar mit Anzug und Krawatte." Ein unkonventioneller Manager trifft auf den fußballbesessenen knurrigen Holländer. Es soll allerdings noch ein wenig Zeit vergehen, ehe sie zusammenarbeiten werden. Im Finale des Turniers setzt sich Eintracht Frankfurt vor 3.000 Zuschauern mit einem 2:1 mit Andreas Köpke, Rudi Bommer, Jörg Böhme und Jay-Jay Okocha gegen Schalke 04 durch, die unter anderem mit Jens Lehmann, Olaf Thon und Youri Mulder antreten.

„Ein halbes, drei viertel Jahr später – es war ein Samstag. Wir hatten vormittags trainiert und hatten das Wochenende frei. Nach dem Training bin ich ins Auto gestiegen und habe meine Mailbox abgehört. Früher hatte man noch so riesengroße Autotelefone. Und dann war seine Stimme drauf: ‚Trainer, hier ist Assauer.'"

Huub imitiert seine besonders sonore Stimme. Dabei dehnt er den eigentlich kurzen Namen Assauer und zerlegt ihn sprachlich in drei ellenlange Silben. Als hätte Rudi seinerzeit unmissverständlich klar machen wollen, wer ihn hier auf seinem Autotelefon anruft.

„‚Wenn du Lust hast, Trainer auf Schalke zu werden, dann ruf mich unter dieser Nummer an.' Ich bin daraufhin direkt zu meinem Co-Trainer Eddy Achterberg gelaufen und habe ihm die Nachricht vorgespielt: ‚Eddy, hör mal. Was ist das?' Und

Eddy sagte: ‚Dann bist du weg!‘ – ‚Nein! Ich bin gerade in Gesprächen mit Roda für einen neuen Vertrag.‘

Mittags habe ich ihn angerufen und ihm gesagt:

‚Pass auf: Ich bin gerade in Gesprächen für einen neuen Vertrag.‘

‚Ja, da komme ich schon raus mit dir.‘

‚Das weiß ich nicht, denn Arnold Hendriks rechnet mit mir. Du kannst doch nicht einfach so einen Trainer mit laufendem Vertrag nehmen.‘

‚Mach dir keine Sorgen.‘

‚Na gut, wann treffen wir uns?‘

‚Morgen.‘

‚Kein Problem, ich habe frei. Pass auf: Komm einfach zu mir nach Hause. Aber das ist ein kleines Dorf. Also bitte nicht auffällig.‘“

Gesagt, getan. Huub lebt nur 30 Fahrminuten von Aachen entfernt und will den Schalke-Manager an der Grenze abholen, um ihn zu seinem Wohnhaus im 3.000-Seelen-Dorf Oirsbeek zu navigieren.

„Dann stehe ich wie verabredet rechts an der Seite. Er blinkt und fährt an mir vorbei. Und auf seinem Auto steht hinten in großen Buchstaben: FC Schalke 04. Ich denke mir: ‚Das darf doch nicht wahr sein.‘ Anschließend sind wir zu mir nach Hause gefahren und haben vier, fünf Stunden geredet. Aber gar nicht über Geld gesprochen. Nur über die Mannschaft, über mögliche neue Spieler. Er hat damals schon Marco van Hoogdalem ins Spiel gebracht. Mein Spieler von Roda, den wir im Winter dann geholt haben. Später hat Rudi mir gesagt: ‚Du hast mir imponiert mit deiner Art, wie du beim Turnier mit der Mannschaft umgegangen bist – mit deiner kurzen Hose.‘ Dann habe ich ihm gesagt: ‚Du, es war so warm, da ziehe ich doch keine lange Hose oder Krawatte an! Leck mich in de Täsch, das tut man doch nicht!‘ Das hat er damals gesagt, dass ich ihm imponiert habe. Aber er mir auch!“

Vor der Hauseinfahrt steht für alle erkennbar stundenlang der Wagen, der prominent mit einem Schalke-Aufkleber verziert ist. Rudi möchte noch am selben Abend mit Kerkrades technischem Direktor Arnold Hendriks sprechen. Doch der ist zu dem Zeitpunkt im Urlaub auf Mallorca.

„Mit wem können wir stattdessen sprechen?"

„Mit dem Präsidenten Theo Pickée."

Zwar treffen sie sich tatsächlich noch am selben Abend. Die Entscheidungsgewalt hat jedoch Hendriks, weswegen es nur bei Annäherungen bleibt, die richtigen Verhandlungen aber vertagt werden. In der Zwischenzeit spielt Schalke gegen den Karlsruher SC das erste Mal ohne Jörg Berger und dafür mit Interimstrainer Hubert Neu. Bei der Mannschaftsaufstellung rufen die Fans konsequent bei jedem Spieler den Nachnamen „Berger".

„Ich habe mich schon gefragt: Muss ich dahin? Soll ich das tun? Berger ist bei den Fans so beliebt. Aber Rudi war so überzeugend in dem Gespräch."

Eine fünfköpfige Schalke-Delegation unter der Leitung von Rudi reist ein paar Tage später in die Niederlande, um den Trainertransfer einzutüten, was für Huub an dem Tag allerdings eine Überraschung ist. Telefonisch bittet er seinen Berater, kurzfristig dazuzukommen. Das entscheidende Gespräch findet in einem chinesischen Restaurant in Kerkrade statt. Ohne sich großartige Gedanken über den Verlauf der Verhandlungen zu machen, wird Huub bereits von Rudis Ideen überrannt. „Bam, bam, bam. Dann gab es kein Zurück mehr. Er hat alles bestimmt." Huub lässt sich mitreißen und Kerkrades Vereinsspitze gibt nach längeren Verhandlungen auch ihr „Go". An diesem Tag startet eine königsblaue Ära, auch wenn der Vertrag noch unterschrieben werden muss – Rudi hat ihn nicht dabei. So viel Überrumpelung sollte es dann doch nicht sein. Am Folgetag verabschiedet sich Huub auf dem Trainingsgelände noch von seiner Mannschaft, ehe es mit dem Auto nach Gelsenkirchen geht. Zur Vertragsunterschrift.

„Er war Schalke. Was er für den Verein gut fand, hat er getan. Was auch immer das war. Und auf einmal war ich da." Das damalige Tempo fasziniert Huub bis heute: „Rudi hat am selben Tag zu einer Pressekonferenz eingeladen. Unglaublich, das ging so schnell! Es war ein Donnerstag – und am Samstag mussten wir gegen Bremen spielen." Der Einstand misslingt mit einer 0:3-Niederlage, im zweiten Anlauf schlagen die Königsblauen den Hamburger SV mit 2:0.

Ein weiteres Beispiel für seine hemdsärmelige und formlose Art: Als Schalke nach dem UEFA-Cup-Sieg einen Ersatz für Youri Mulder sucht, der längere Zeit verletzt ausfällt, fragt Rudi Huub, ob er sich René Eijkelkamp vorstellen kann. „Das ist ein ganz anderer Typ. Mit Youri kannst du mehr in die Tiefe spielen. Aber René kann den Ball halten." Huub macht sich auf den Weg nach Eindhoven, trifft am Rande einer Einheit der zweiten Mannschaft Eijkelkamp, der gerade selbst noch zwei Wochen verletzt ausfällt.

„René, wie geht's? Kannst du dir vorstellen, auch hinter der Grenze zu arbeiten?"

„Klar, warum nicht?"

Einen Tag später sitzt Eijkelkamp im niederländischen Geldrop mit Rudi zusammen, gibt ihm die Hand. Der Transfer geht über die Bühne.

„Das war unglaublich", betont Huub. „So war er. Ein Handschlag war alles. Von der ersten Minute an hatten wir eine Verbindung. Ein Band. Mit anderen habe ich später nicht so freundschaftlich, nicht so direkt zusammengearbeitet, aber wenigstens genauso ehrlich."

„Die Spieler haben auch diese Verbindung gemerkt. Assi und ich waren nicht immer einer Meinung. Wenn wir in einem Raum waren, hat es schon mal gescheppert. Aber wenn wir rausgegangen sind, waren wir eins. Eine Linie. So musst du auch arbeiten. Wenn ich das heutzutage höre und lese, dass so viel los ist zwischen einem Trainer und einem technischen Direktor, warum muss das rauskommen? Das ist doch gar nicht nötig! Haltet das innerhalb der Mauern. Bei uns kam nie etwas raus."

So gibt es auch immer wieder Situationen, in denen beide komplett andere Meinungen vertreten. Huub geht nicht ins Detail. Ein Auslöser ist Marc Wilmots, erfahre ich später. Jener Wilmots flüchtet bei der Verpflichtung von Andreas Möller nach Bordeaux, wird aber von Rudi zurückgeholt. Auch wenn sie sich bemühen, immer eine Linie vorzuleben, bekommen zumindest Menschen, die sehr nah dran sind, mit, dass dieser Transfer nicht abgestimmt ist.

Der langjährige *Bild*-Reporter Benno Weber drückt es einmal wie folgt aus: Sie seien wie „Vater und Sohn" oder „zwei Brüder", so wie sie miteinander umgingen. „Da kam auch nichts dazwischen", erklärt Huub. „Weil wir es nicht zugelassen haben."

Zunächst unterschreibt Huub einen Zweijahresvertrag. Als er nach nicht einmal einem Jahr den größten Erfolg der Vereinsgeschichte erringt, fackelt Rudi nicht lange.

„Alter, wir wollen deinen Vertrag verlängern. Denk mal drüber nach."

„Sehr gut."

„Du bekommst einen unbefristeten Vertrag. Wenn du irgendwann sagst: ‚Ich will aufhören', dann hören wir auf. Wenn ich sage: ‚Wir hören auf', dann ist auch Schluss."

Im schnelllebigen Geschäft, in dem es auf nackte Punkte und die Anzahl der Tore ankommt, in dem ein paar Spiele schon dafür sorgen können, dass das Denkmal, das einem Trainer errichtet wurde, wieder zum Einsturz gebracht wird, ist diese Absprache ein Beweis für die sehr unkonventionelle Herangehensweise und bedingungslose Loyalität. Wer kann in diesem maximal-kommerziellen Umfeld schon behaupten, nach wenigen Monaten einen unbefristeten Vertrag vorgelegt zu bekommen? Selbst Huubs Berater ist verwundert und pocht darauf, dass der Absatz auch wirklich schriftlich fixiert wird. Wer schreibt, der bleibt – und so kommt es auch. Es wirkt so, als würden Bauchgefühlentscheidungen für Rudi per se wichtiger sein als rational getroffene. Dieses Schema wird übrigens auch bei Spielerverpflichtungen angewandt.

„Die Absprache war: Wenn ich mich für einen Spieler interessiert habe und er hatte das Gefühl, das passt nicht, dann kam er nicht. Andersherum genauso. Wenn er mit einem Spieler ankam und war skeptisch, dann kam er auch nicht. Wir mussten immer beide dahinterstehen. Und wenn ich mal mit einem Spieler nicht durchkam, war ich auch mal enttäuscht. Aber es ging nicht um uns, es ging immer um Schalke."

Als ich Huub darauf anspreche, dass er eigentlich unter anderen Vorzeichen nach Schalke gekommen ist, um die Mannschaft zu verjüngen, man aber mit den Routiniers weitergemacht hat, lacht er. „Ja, das stimmt. Wenn du den UEFA-Cup gewinnst, kannst du aber nicht die Spieler zur Seite schieben. Klar, sie hatten ein bestimmtes Alter erreicht, aber wir haben uns gedacht: ‚Die können uns noch behilflich sein.' Es war wie eine Maschine, in dem jedes Rädchen ineinandergepasst hat. Das war Rudi zu verdanken, dass wir so eine Mannschaft zusammengestellt haben. Und trotzdem haben wir gleichzeitig geguckt, wen wir dazuholen können. Er wusste auch genau, welche Spieler wir in der Jugend haben, er hatte alle auf dem Schirm." Gemeinsam ändern sie Abläufe, Strukturen, erneuern Rituale.

„Assi, ich brauche einen Raum, in dem die Spieler, Frauen und Kinder nach den Spielen zusammen essen können und nicht gestört werden."

„Kein Problem. Das machen wir hier auf der Geschäftsstelle."

Beiden ist klar: Sie wollen keine kleinen, abgetrennten Separees, kein Für-sich-Sein, es soll ein großes Miteinander aller Spielerfamilien sein, als Ausklang des Spieltags.

„Er hat auch darüber nachgedacht, wie man die Frauen und Kinder mitnehmen kann. Seine damalige Freundin Beate hat sich am Spieltag um alle Frauen gekümmert. Sie war wichtig und hat dafür gesorgt, dass auch alle Frauen ein Team wurden. Rudi hat Spaß gehabt, hat immer zwischen den Frauen und Kindern gesessen. Das war eine unglaubliche Stimmung, wenn er zum Beispiel ‚O, du schöner blauer Vogel' gesungen hat. Das war sein Leben. Das war seine Familie!"

Ich sehe ein Schimmern in Huubs Augen, er ist gerührt und hört gar nicht auf zu sprechen. Immer wieder fallen ihm neue Situationen, Begegnungen, Erlebnisse ein.

„Die Verbundenheit zum Verein bekommst du erst, wenn so jemand vorneweg geht. Er war das Vorbild. Auf seine ganz eigene lockere, ehrliche Art und Weise. Die Begeisterung, die er hatte, hat er übertragen. Auf uns alle. Er war immer geradeaus. Ich habe unheimlich viel von ihm gelernt. Er hat mir die Chance gegeben, als Trainer in Deutschland zu überleben. In Pressekonferenzen hat er mir oft gesagt: ‚Alter, halt dich da raus. Lass mich das tun.' Dann hat er geantwortet, sich vor mich gestellt und mir den Rücken freigehalten."

Auf ihr Umfeld wirken die fußballbesessenen Arbeitstiere wie eineiige Zwillinge. Sie haben sich nicht gesucht und doch gefunden. Womöglich auch, weil ihre Art zu arbeiten auf Anhieb ein „Match" gewesen ist.

„Die Art und Weise, wie er eine Mannschaft geführt hat, war sensationell. Er war das große Vorbild. Wir haben uns gegenseitig gepusht, um den Verein noch stärker zu machen. Um das Umfeld noch mehr zusammenzukriegen. Das geht nicht allein. Das klappt nur als Team. Die Mannschaft achtet übrigens immer darauf: Wie reagiert der Manager? Wie reagiert der Trainer? Wenn du ihnen da keine Chance für ein Alibi gibst, dann hast du alles richtig gemacht."

Auch Huub registriert irgendwann Veränderungen in Rudis Verhalten, Nachlässigkeiten. Seine Stimme wird auf einmal ganz leise.

„Als wir im Auto saßen, hat er mir gesagt: ‚Alzheimer ist das Schlimmste. Ich hoffe, dass ich verschont bleibe.' Er hatte große Angst davor. Das ist eine Scheißkrankheit. Weißt du, ich habe es nicht nur bei ihm erlebt, ich habe es im Nachhinein bei mehreren Menschen erlebt. Das ist so hart. Assi hat nie darüber gesprochen, er hat es für sich behalten. Aber ich habe es gespürt, dass er krank wurde. Ich habe es gespürt." An manche Dialoge kann er sich noch sehr detailliert erinnern, beispielsweise Vertragsgespräche.

„Über wie viele Jahre haben wir gesprochen?"

„Männi, hast du das vergessen?"

„Ich habe ihm oft gesagt: ‚Männi, schreib es dir auf. Notier es dir.'"

Die ersten Vorboten der Erkrankung werden erkennbar. Ein großer Schmerz erfüllt Huub, weil das Traumduo auf einmal nicht mehr so konzentriert und unumstößlich zusammenarbeiten kann.

„Das waren die ersten Zeichen. Und ich habe mir gedacht: ‚Das ist schlecht für Schalke', und ihm deswegen gesagt: ‚Jetzt wird es Zeit, dass ich weggehe.' Schalke und die Jungs brauchten sowieso ein neues Gesicht, eine neue Stimme. Aber die Entscheidung hatte natürlich auch mit ihm zu tun. Ich hatte Angst davor, dass er sich an Sachen nicht mehr erinnert. Das wollte ich nicht erleben. Deswegen war es besser, zu einem anderen Verein zu gehen. Das hat ihm auch wehgetan."

Rudi lehnt ab, versucht es zu verhindern. „Junge, Junge. Das war eine Enttäuschung für ihn. Aber ich musste es tun. Weil ich hundert Prozent davon überzeugt war, dass es für mich reichte."

Die Entscheidung wird noch nicht offiziell bekannt gegeben, die Protagonisten behalten sie für sich. Doch irgendwie erfährt der damalige Hertha-Manager Dieter Hoeneß davon und kontaktiert Huub.

„Dieter hinterließ einen guten Eindruck, aber er war ganz anders als Assi. Du lernst Leute ja erst kennen, wenn man richtig im Gespräch ist. Ich habe nie wieder so einen Manager wie Assi erlebt. Die Art, wie wir zusammengearbeitet haben, das war einmalig. In der Bundesligageschichte gibt es das kein zweites Mal, dass ein Manager und ein Trainer so nah zusammengearbeitet haben. Das glaube ich nicht. Ich hatte einen guten Kontakt zu Dieter Hoeneß, später auch zu Dietmar Beiersdorfer. Aber Assi war einmalig. Die anderen hatten auch ein Privatleben, da hat man sich nicht von morgens bis abends gesehen. Schalke war das Privatleben von Assi."

Der Wechsel nach Berlin ist eine große Umstellung, auch Huubs Sohn Maikel muss sich in einer ganz anderen Umgebung erst zurechtfinden. Doch es hat geklappt. In Kleinmachnow, einem Ort in der Nähe von Berlin, lebt der Spielerberater, der in große Fußstapfen getreten ist, bis heute. Huubs Verhältnis zu Rudi ist zunächst unterkühlt. Ein halbes Jahr hat er Schwierigkeiten, mit Rudi in Kontakt zu treten. Sie sind in ihren Jobs eingespannt, es gibt so gut wie keine Kommunikation. Erst nach einigen Monaten normalisiert und entspannt sich ihr Verhältnis.

„Alle vier, fünf Wochen hatten wir dann Kontakt. Aber nicht mehr so wie vorher. Weil er enttäuscht war, dass ich gegangen bin. Ich habe im Nachhinein noch mal versucht, ihm alles zu erklären."

Huub gibt die Unterhaltung mit Rudi wieder, dessen geknickte Reaktion im Sommer 2002:

„Ich verstehe dich schon."

Und dann schiebt Huub – nach einer längeren Pause – einen Satz hinterher. Deutlich leiser. Er macht die Melancholie des damaligen Moments unmissverständlich klar.

„Aber. Puh. Wir waren doch Schalker!?"

„Ja, das stimmt. Aber daran darf unsere Freundschaft doch nicht zerbrechen."

Auch wenn sie jahrelang tagtäglich zusammensitzen, sich über Gott und die Welt unterhalten, fußballbesessen sind – wen Rudi als Trainer holen soll, wird er Huub nie fragen. In dieser Hinsicht will er sich von ihm nicht beraten lassen, auch wenn dieser offensichtlich die Expertise hat und auch eine Einschätzung geben kann, welches Profil ein Trainer mitbringen muss, um erfolgreich auf Schalke zu sein. Vielleicht eine vertane Chance? Auch wenn die Fußstapfen, die Huub auf Schalke hinterlässt, wirklich nicht größer hätten sein können: Das Experiment mit Trainer Frank Neubarth scheitert nach nur wenigen Monaten.

„Ich habe nur zwei WhatsApp-Gruppen – eine von Roda Kerkrade und die andere von den Schalker ‚Eurofightern'. Das bedeutet etwas. Es ist unglaublich, dass wir uns immer noch untereinander zum Geburtstag gratulieren. Das zeigt, dass wir damals eine Truppe hatten, die so eng miteinander verbunden war."

Menschliches Miteinander steht an erster Stelle. Kleinigkeiten, die einen großen Effekt haben.

„Vielleicht ist das heutzutage anders. Aber ich habe die Spieler auch mal gefragt, wie es der Familie geht. Jeder Spieler ist ein Mensch mit Gefühlen und Emotionen. Das ist wichtig. Und wenn man menschlich mit ihnen umgeht, verzeihen sie einem auch einen Tritt in den Arsch."

Als 2011 Magaths Nachfolger Ralf Rangnick nach wenigen Monaten wegen eines Erschöpfungssyndroms nicht mehr weiter als Trainer arbeiten kann, kontaktiert Schalke Huub Stevens. Nach neun Jahren soll er zurückkommen und seine Schalker Erfolgsgeschichte weiterschreiben. Unter ganz neuen Vorzeichen.

„Es war anders ohne Assi. Es war schwierig, das aufzubauen, was wir mal hatten. Früher hatten wir nur einen Torwarttrainer und einen Assistenztrainer. Analyse haben wir selbst gemacht. Athletiktraining haben wir selbst gemacht. Später sind erst andere Leute dazugekommen. Wenn ich sehe, wie groß das Team um eine Mannschaft inzwischen ist – das ist unglaublich."

Huub möchte nicht, dass man ihn falsch versteht. Er findet den Einbezug von Technik richtig, nach gewissen Daten zu trainieren, den Staff zu vergrößern.

„Aber die Augen, die Ohren, das Gefühl – das musst du trotzdem haben. Du kannst dich nicht nur auf Daten verlassen."

Womit wir wieder bei Bauchgefühlmensch Rudi sind. Ihm bescheinigt Huub Menschenkenntnis, das eint sie auch. Ich zeige Huub eine Aufnahme der Sendung „Sach et Rudi" mit Uli Hoeneß. Rudi sitzt mit dem damaligen Bayern-Manager in dessen Büro und plaudert über die Zukunftspläne. Im Jahr 2009 soll er Franz Beckenbauer als Bayern-Präsident beerben. Jenen Beckenbauer, der am 7. Januar 2024 im Alter von 78 Jahren stirbt. Der größte deutsche Fußballer und vielleicht beste Libero aller Zeiten ist in der Reportage auch dabei. Er umarmt Rudi herzlich, lacht und freut sich, ihn zu sehen. Auch Rudi grinst, kneift mit seiner linken Hand in seine rechte Schulter. Ein berührender Moment. Huub schaut wie gefesselt auf den Bildschirm. Wir schauen uns auch alte Fotos aus Rudis Familienalbum an. Schwarz-Weiß-Aufnahmen. Der junge Teenager mit weißem Hemd und Sakko. Der Kragen ist hochgestellt. Rudi mit Kameraden bei der Bundeswehr. Urkunden für sportliche Erfolge. Das silberne Lorbeerblatt für den Sieg des Europapokals 1966. Huub lächelt, schmunzelt, strahlt.

„Hahaha. Boah, guck mal an. Die Bilder sind super!"

Auf dem Weg zu Spielerbeobachtungen, Veranstaltungen oder den Schalke-Heimspielen kennt das Assauer-Autoradio stets nur eine Einstellung: 101,3 MHz. Im Ruhrgebiet ist das die Frequenz von *WDR 4*. Rudi trällert fröhlich mit, kann alle Schlagertexte auswendig mitsingen, am liebsten von Sopranistin Erna Sack. Angeschnallt ist er nie. Manches Mal gefällt ihm ein Song so gut, dass er das Auto im Takt auf der Straße hin und her kurvt. Huub kann davon auch ein Lied singen: „Wenn wir unterwegs waren – ich sag es dir –, dann hat er mitgesungen! Und ich wollte was anderes hören. Ich hatte keine Chance. Das waren Zeiten. Unglaublich! Er ist immer hingefahren und, weil er ein bisschen was getrunken hat, musste ich zurückfahren. Aber am nächsten Morgen saß er um sieben Uhr wieder auf der Geschäftsstelle. Der Erfolg kommt nicht umsonst. Dafür musst du etwas tun. Wir haben wirklich unheimlich viel dafür getan. Nicht nur im Training, sondern mit allem Drumherum. Immer die Frage: Wie können wir uns weiter verbessern?“

Als Rudi ihm von seinen ersten Gesprächen mit Hans Sanders und der niederländischen Firma HBM Bau berichtet, kann Huub zunächst nichts mit der Information anfangen. Er ist nahezu sprachlos.

„Wir bauen ein neues Stadion.“

„Wo denn?“

„Hier auf dem Gelände!“

„Du bist verrückt! Das schaffst du nie.“

Doch Rudi schafft es, ihm gelingt neben dem sportlichen auch ein infrastrukturelles neues Fundament. „Als wir trainiert haben, sind auf einmal die Laster vorbeigefahren.“

Nach dem Spatenstich im Jahr 1998 wird nach dreijähriger Bauzeit ein moderner Fußballtempel mit einer großen Show eingeweiht. Nach Fertigstellung schenkt der Europäische Fußballverband den Hausherren eine Plakette mit der Aufschrift „Fünf-Sterne-Stadion“, die höchstmögliche Kategorie. „Es könnte sogar als Sechs-Sterne-Stadion bewertet werden“, soll der schwedische UEFA-Präsident Lennart Johansson kurz nach der Eröffnung geschwärmt haben. Ein ausfahrbarer Rasen, eine bewegliche Südtribüne, ein Videowürfel unter einem verschiebbaren Dach, eine Bierpipeline, eine Kapelle in der Nähe der Katakomben. Als die Arena enthüllt wird, ist sie das modernste Stadion Europas. Bis heute haben mehr als 30 Millionen Menschen die Veltins-Arena außerhalb von Fußballspielen besucht. Um neben den sowieso eingeplanten Bundesliga- und Pokalspielen genügend weitere Mieteinnahmen einzuspielen, die den Kredit tilgen, finden für ein Fußballstadion sehr außergewöhnliche Events statt: Klitschko-Boxkämpfe, Biathlon, Opernaufführungen, ein Eishockey-WM-Auftakt, unzählige

Musikkonzerte und Festivals mit Teilnehmern wie Ed Sheeran, Bon Jovi, AC/DC, U2, Herbert Grönemeyer, Bruce Springsteen, Helene Fischer und Taylor Swift, Stockcar-Crash-Challenges von Stefan Raabs Sendung „TV Total". Auch das Champions-League-Finale 2004 findet auf Schalke statt. Bei der Heim-Europameisterschaft 2024 ist die Arena ebenfalls ein Austragungsort.

„Hervorragend. Er hatte die Ideen und hat sie auch umgesetzt. So ein Mensch, ein Visionär, der vorausgedacht hat", freut sich Huub. „Das Stadion, die Fans. Wirklich einmalig!"

„Rudi Assauer hatte Huub Stevens an seiner Seite. Das ist nun wirklich keiner, der sich wegduckt!", analysiert Kommentator Marcel Reif. „Ich kann mir gut vorstellen, dass sie sich kräftig gerieben haben. Und das zeigt ja, dass er eine starke Persönlichkeit sein muss, wenn er sich die Besten dazuholt. Und Huub Stevens war für Schalke – wie Assauer – ein Glücksfall."

Dieser kongeniale Schulterschluss veranlasst auch Rudi, wenn er von Reportern gefragt wird, immer wieder selbst zu betonen: „Der beste Trainer, den ich während meiner ganzen Karriere als Spieler und Manager in all den Jahren hatte – das ist Huub Stevens."

Gegen Ende des dreistündigen Besuchs wirkt Huub Stevens nachdenklich, versucht sich selbst aufzuraffen.

„Natürlich vermisse ich ihn. Es war eine super Zeit, die ich nie vergessen werde. Wir waren tagtäglich zusammen. Von 24 Stunden waren wir oft 14 bis 15 Stunden zusammen. Wenn ich sehe, wie es bergab ging, das tut mir leid. Aber nach Rudi muss ich weiterleben, so hart es auch ist. Das Leben geht weiter. Jetzt bin ich in ein Alter gekommen, in dem ich die Zeit mit meinen vier Enkelkindern genieße."

Huub hat seinen stressigen Fußballalltag beiseitegeschoben, lebt im Hier und Jetzt und hat eine spannende, sinnstiftende ehrenamtliche Aufgabe übernommen. Er kümmert sich um

Menschen in schwierigen Lebensphasen und unterstützt sie bei einem „mental reset". Er spricht ihnen Mut zu, hilft dabei, neue Kraft und Stärke zu erlangen. Wie in seinen früheren Trainerjobs versucht er bei scheinbar ausweglosen Situationen zu vermitteln, dass vieles Kopfsache ist und man selbst etwas verändern kann. Der frühere Workaholic gönnt sich mehr Ruhephasen und verbringt mehr Zeit mit seiner Frau, was während seiner zahlreichen Engagements nicht nur aufgrund der Entfernung eine Herausforderung war.

Dass Schalke, mit knapp 180.000 Mitgliedern einer der größten Vereine Deutschlands, auf der Trainerposition keine Kontinuität an den Tag legt, ist kein Geheimnis. Nach Huubs erster Amtszeit sitzen sage und schreibe 32 Trainer am Spielfeldrand, manche mehrfach. Schalke findet sich zum zweiten Mal innerhalb von drei Jahren in der zweiten Liga wieder.

„Du kannst wieder etwas hinkriegen, aber du brauchst Zeit, Leidenschaft und Willen, um da hinzukommen, wo Schalke eigentlich hingehört. Es wird ein langer Weg."

Während wir in Eindhoven bei Sonnenschein zusammensitzen, steht Cheftrainer Thomas Reis nach einem verpatzten Saisonstart Hunderte Kilometer entfernt förmlich im Regen. Huub kann die ihm entgegenbrachte Ungeduld von Fans und Vereinsführung nicht nachvollziehen.

„Der kriegt das hin. Er braucht nur die Zeit. Ich glaube, Rudi hätte auch gut mit Thomas zusammengearbeitet. Das hätte gepasst."

Seine Einschätzung teilen nicht alle. Ausgerechnet am nächsten Morgen vermeldet Schalke, man habe Thomas Reis mit sofortiger Wirkung von seinen Aufgaben entbunden.

KUMPEL

Mein Herz pocht. Gleich werde ich Rudi Assauer zum ersten Mal sehen. Nach seinem Ende bei Schalke 04 lässt er ein Internetforum einrichten, in dem schnell die Idee geboren wird, Rudi ein Abschiedsspiel zu schenken. Der gesamte Erlös soll an den Verein „Herzenswünsche“ gespendet werden, für den sich Rudi jahrelang eingesetzt hat. „Herzenswünsche“ erfüllt, wie bereits erwähnt, schwerstkranken Kindern einen Wunsch, möglicherweise den letzten. Bei den Vorbereitungen habe ich – eher aus Spaß – den Kommentar geschrieben, ich könne gern moderieren. Mit meinen 14 Jahren hatte ich bisher nur mit einer alten Videokamera bewaffnet Interviews mit meinem Opa Robert geführt, der als Bergmann im oberschlesischen Beuthen unter Tage gearbeitet und beim hiesigen Fußballklub als Torwart gespielt hat. Oft habe ich dafür einen Schraubendreher als Mikrofon zweckentfremdet.

Doch relativ schnell wurde ich als Co-Stadionsprecher von Kommentatoren-Legende Werner Hansch verpflichtet. Für diese Gelegenheit bin ich ihm bis heute dankbar.

Es ist Samstag, der 23. September 2006, mittags um zwölf Uhr. Ein sonniger, warmer Spätsommertag. Im Schatten des Recklinghäuser Stadions Hohenhorst sind wir zu einer Absprache verabredet. Tags darauf soll dieses Abschiedsspiel stattfinden. Mein Vater Christian, ebenfalls ein großer Fußballfan, der im Fernsehen kein Livespiel auslässt, fährt mich nach Recklinghausen. Wir parken das Auto ein paar Hundert Meter von der Tribüne entfernt und machen uns zu Fuß auf den Weg zum Treffpunkt. Ich sehe eine kleine Rauchwolke. „Da hinten ist Rudi“, sagt mein Vater. Ich kann es nicht glauben. Doch ich erkenne seine Umrisse und natürlich die Rauchwolke seiner Zigarre. Wir nähern uns der Menschengruppe. Rudi trägt ein helles Poloshirt, Jeans, abgedunkelte Brillengläser, sitzt lässig auf einer Bierzeltbank. Er mustert mich von oben bis unten, dann platzt es aus ihm heraus: „Ein Schalke-Fan mit Puma-Schuhen?“ Ich fühle mich ertappt. „Warum nicht Adidas? Hättest du was gesagt, hätten wir dir noch was zugeschickt.“ Wie immer geradeaus, so wie ich ihn aus dem Fernsehen kannte. Trotz meiner fatalen Schuhwahl sollte das der Anfang einer jahrelangen Freundschaft sein.

Am darauffolgenden Tag ist das Stadion bis auf den letzten Platz gefüllt. Das in wenigen Wochen geplante Event heißt „HeartKick“, eine Zusammensetzung aus dem englischen Begriff für „Herz“ und einem satten Fußballerschuss. Im vorangegangenen Ostseeurlaub malte ich einmal eher zufällig ein Herz, das im Hintergrund einer rechteckigen Plakette mit der Aufschrift „Herzenswünsche“ zu sehen ist. Das wird in abgewandelter Form sogar das Logo der Veranstaltung werden. Als alle Helfer und auch ich ein Shirt mit dem Zeichen tragen, gibt Rudi mir einen anerkennenden Klaps auf den Oberschenkel. „Gut gemacht.“ An diesem Tag soll so viel Geld wie möglich eingespielt werden. Viele Schalker Fans sind gekommen, um Gutes zu tun – und ihre Verbundenheit zum jahrelangen Manager auszudrücken, dessen zweite Amtszeit vor vier Monaten endete. Ich erlebe Rudi bereits backstage, wie er viele seiner Weggefährten herzlich begrüßt. Es fühlt sich für ihn und für mich als Außenstehenden wie ein Klassentreffen an. Oliver Reck, Klaus Fichtel, Klaus Fischer, Rüdiger Abramczik, Thomas Häßler, Gerald Asamoah. Mit Rudi gehe ich die Spielerliste durch, er kreuzt an, wer in der Startelf von „Rudi & Friends“ stehen soll. Der Chef entscheidet hier selbst. Als ich den Zettel später Trainer Helmut Schulte in der Kabine überreiche, werden zwölf Spieler markiert sein. Entweder der erste Versuch, den Wettbewerb zu verzerren, oder Rudi hat es mit der Anzahl einfach nicht so genau genommen. Auch wenn sein Name allgegenwärtig ist: Dem Protagonisten scheint die Aufmerksamkeit eher unangenehm zu sein. Als ich versuche, Rudi spontan und nicht abgesprochen für ein Interview vom Feld zu holen, winkt er ab. Der Verein „Herzenswünsche“, den er seit 1996 unterstützt, steht für ihn an diesem Tag unverrückbar im Vordergrund. Wenn er das Zugpferd sein kann, schön. Aber ein wirkliches Abschiedsspiel soll es nicht werden, zumal er das Angebot für ein offizielles Abschiedsspiel von Schalke im Sommer ohnehin abgelehnt hat. Die ehemaligen Bundesliga- und Schalke-Stars gewinnen nicht wirklich überraschend mit 17:4 gegen eine Auswahl von Fans, „Rudis Forumsfighter“, ein netter Wortwitz, der an die „Eurofighter“ angelehnt ist. Doch der Sport ist an dem Tag mehr als zweitrangig. Das viel wichtigere Ergebnis: 11.250 Euro kommen in Recklinghausen für den guten Zweck zusammen.

Im November 2006 findet in einer Gelsenkirchener Kneipe ein Revivaltreffen der Forumsuser statt. Rudi nimmt die Einladung gern an, sitzt mir beim Essen gegenüber. Für den Tag habe ich aus Schnipseln, die ich im Internet und auf der DVD „100 Schalker Jahre“ gefunden habe, einen kleinen Film zusammengeschnitten, der gleich auf der großen Leinwand gezeigt wird. Mit dem heutigen Wissen urheberrechtlich schwierig und vielleicht nur in Ordnung, weil es ein privater Rahmen gewesen ist. Andernfalls wäre es heute glücklicherweise verjährt. Es ist eine Hommage an Rudi. Seine größten Erfolge, umrandet von ein paar Sätzen. Die Kernmessage lautet: „Danke, Rudi!“ Vielen Fans spreche ich mit dem Bewegtbild-Potpourri in dieser Zeit aus dem Herzen. Als der etwa siebenminütige Film abgespielt wird, der von Andrea Bocellis „Time to say goodbye“ unterlegt ist, schaut Rudi wie gefesselt auf die Leinwand. Ein Bein über das andere geschlagen. Keine Regung in seinem Gesicht. Irgendwann zieht er die Mundwinkel hoch, ist gerührt. Als er im Anschluss fragt, wer diesen Film zusammengeschnitten hat, und die Menge auf mich zeigt, steht er auf. Wir laufen ein paar Schritte aufeinander zu, er umarmt mich, klopft mir auf den Rücken und sagt: „Danke, Junge."

Diese Clips haben ihn bewegt, wenige Monate nach seinem Ausscheiden bei seinem Herzensverein. Vielleicht hat er sich bis dahin nur in Gedanken und nicht so bildlich mit dem wichtigsten Kapitel seines Lebens befasst. Und wenn doch, hat der Zusammenschnitt bei ihm erneut einen Nerv getroffen. Weil Rudi sich das dramatische Meisterschaftsfinale 2001 auch nicht mehr in Zusammenfassungen ansehen konnte, hat er das Kapitel, gar das Buch Schalke 04 vielleicht im Mai 2006 gedanklich zugeschlagen, an diesem Abend aber noch einmal öffnen lassen. So richtig öffnen lassen. Wenn ich heute an diesen Moment denke, habe ich Gänsehaut. Rudi bedankt sich auch bei der Verabschiedung noch einmal bei mir.

Ein paar Monate später besuche ich ihn mit meinem Kumpel Christopher an der Gelsenkirchener Trabrennbahn. Wir haben nach Schulschluss den Zug nach Essen genommen und sind dort in die Regionalbahn nach Gelsenkirchen umgestiegen. Anderthalb Stunden und mehrere Stationen mit der Straßenbahn später kommen wir an. Rudi spielt hier freitags Fußball, schreit sich die Lunge aus dem Leib und genießt das Miteinander. Als er mich sieht, läuft er unvermittelt auf mich zu. „Mensch, warum hast du dich nicht früher gemeldet. Schreib mal auf." Er diktiert mir seine Handynummer. „Wir telefonieren!" Als er sich gerade mit seinem schwarzen Kombi auf den Weg machen will, hält er an, lässt an der Fahrerseite die Scheibe herunter und sagt: „Komm, ich bring euch eben zum Vereinsgelände." Wir unterhalten uns über Schalke, die nächsten Spiele, die Arena. Vor der Gaststätte „Charly's Schalker", die sich unterhalb der Geschäftsstelle am Haupttrainingsplatz befindet, lässt er uns aussteigen. „Bestellt dem Wirt einen schönen Gruß von mir und sucht euch was Leckeres aus." Nachdem dort die großzügige Aufforderung in die Tat umgesetzt ist, schaut uns der Gaststättenbesitzer nur mit großen Augen an. „Das kann ja jeder sagen“, ahne ich seine Gedanken lesen zu können.

Eine Woche später sind wir wieder an der Trabrennbahn verabredet und fahren im Anschluss zur Vereinskneipe. Rudi kommt diesmal mit rein, der Wirt starrt ihn an – mit noch größeren Augen als in der Vorwoche. Wir essen gemeinsam Erbsensuppe, ein Gericht aus seiner Kindheit, und einen Obstteller als Nachtisch. „Da kommen deine Eltern“, ruft Rudi. Als ich mich umdrehe, sehe ich sie tatsächlich zur Tür hereinkommen und bin erstaunt. Obwohl er meinen Vater nur einmal und meine Mutter noch nie gesehen hat, erkennt er auf Anhieb unsere Zusammengehörigkeit. Es ist ein schönes und lustiges Gespräch, in dessen Verlauf wir über einen „Hattrick“ sprechen und meine Mutter vom gleichklingenden Aftershave ausgeht. Bevor wir uns verabschieden, bittet Rudi mich, ihm noch einmal meine Handynummer aufzuschreiben. Wir möchten uns wiedersehen. „Ich werde euch in Wuppertal einen Besuch abstatten.“ Doch vorher lädt er meinen Vater und mich zum entscheidenden Meisterschaftsspiel in die Arena ein.

Samstag, der 19. Mai 2007. Auf den Tag genau sechs Jahre nach dem dramatischen Meisterschaftsfinale sind wir verabredet. Es ist der 34. Spieltag der ersten Schalker Spielzeit ohne Rudi Assauer. Rudi öffnet oberkörperfrei die Tür. Er ist tiefenentspannt und gut gelaunt. Von Nervosität keine Spur, schließlich könnten seine Schalker an diesem Tag theoretisch doch noch Meister werden. In den letzten Wochen haben sie eine komfortable Tabellenführung aus der Hand gegeben. Niederlagen ausgerechnet in Bochum und Dortmund haben die Königsblauen zurückgeworfen. Heute geht es gegen Arminia Bielefeld. Gewinnt Energie Cottbus sein Heimspiel gegen den neuen Tabellenführer Stuttgart – hierfür hat der Schalker Sponsor Veltins eine nicht unerhebliche Menge Freibier in Aussicht gestellt –, können die Knappen mit drei Punkten gegen die Ostwestfalen doch noch vorbeiziehen und sich erstmals nach 1958 die Schale holen. Diese Parameter werden wir an dem Tag in Gedanken noch häufiger durchgehen. Gegen zwölf Uhr mittags setzen wir uns vor seinem Haus in seinen Wagen und fahren zu einem groß angelegten Fanklubtreffen mit Schalkern aus dem Harz. Nachher stößt auch ein Kamerateam von *Premiere* dazu.

An der Location in Gelsenkirchen angekommen wird Rudi bereits von zahlreichen Fans, die Spalier stehen, mit Sprechgesängen empfangen. Zu einer minimal abgewandelten Melodie von „Brown Girl in the Ring", Boney M.s legendärem Titel aus dem Jahr 1978, ist „Rudi Assauer, schalalalala, Rudi Assauer, schalalalalala" zu hören. Shakehands, Fotos mit Digitalkameras, herzlicher Applaus der brodelnden Gruppe. „Wir freuen uns, dich wiederzusehen", fällt die Begrüßung im Vereinsheim mehr als herzlich aus. Die Aufregung der weit gereisten Fans, die sich mitten in der Nacht auf den Weg nach Gelsenkirchen gemacht haben, ist spürbar. Alle wollen die „verdammte Schale" nach Schalke holen. Wenn nicht jetzt, wann dann? Rudi ist skeptisch, will den Fans aber nicht ihre Euphorie nehmen. Doch irgendwie registriere ich, dass er nicht daran glaubt. Zum Abschluss singen die Fans wieder: „Rudi Assauer, schalalalala, Rudi Assauer, schalalalalala."

Nach einer guten Dreiviertelstunde begeben wir uns auf den Rückweg und sammeln an seinem Haus seine Lebensgefährtin Simone Thomalla und Stieftochter Sophia ein, die das Meisterschaftsfinale kaum erwarten können. Nach der Ankunft an der Arena belagern unzählige Fans das Auto. Wir lassen die Scheibe herunter und Simone scherzt: „Nur gucken, nicht anfassen." Die Menge tobt. Es ist ein warmer, sonniger Samstagmittag. Königsblauer Himmel und weiße Wolken. Im VIP-Bereich, dem „LaOla-Club", sehe ich Ralf Moeller. Er trägt das Schalke-Auswärtstrikot und glaubt fest an den Titel. Als Schalke gegen Bielefeld mit 2:0 durch Lincoln und Halil Altıntop und zeitgleich der Außenseiter Cottbus durch einen Treffer von Sergiu Radu gegen Stuttgart in Führung geht, blendet die Stadionregie die Blitztabelle ein: Schalke ist wieder Tabellenführer. Eine wahre Gänsehautatmosphäre macht sich breit. Stuttgarts Hitzlsperger macht kurze Zeit später den Ausgleich. Doch zur Halbzeitpause ändert Rudi seine Meinung, er wirkt jetzt optimistischer. Auf einmal glaubt er zwar weiterhin nicht an den Fußballgott, doch an den Schalker Titel. Ich bin nervös, stelle mir vor, was gleich passiert, wenn die Mannschaft die Schale in die Luft recken kann. Wie ausgelassen wird wohl gefeiert? Wie kann ich mir eine Party mit 61.482 Fans vorstellen? Wie geht Rudi dann damit um? Darf er selbst auch auf den Rasen – als nachträgliches Geschenk?

Leider wird diesen Gedanken ein jähes Ende gesetzt, als Sami Khedira den VfB Stuttgart auf die Siegerstraße bringt. Es wird zwar nicht mehr eingeblendet, spricht sich auf den Rängen jedoch in Windeseile herum. Ein bitterer Moment, auf den man sich wenigstens vorbereiten konnte. Er trifft die Schalker Seele und Rudi nicht so eiskalt und unverhofft wie 2001. Nach dem Spiel ist Rudi ruhiger, etwas resigniert. Und gleichzeitig strahlt er eine Demut und Fassung aus, mit der er das sportliche Ergebnis trägt. Einem Kameramann, der ihn beim Weg zum Auto filmt, versucht er aus Jux, ins Gemächt zu schlagen, weswegen dieser zusammenzuckt und das Bild wackelt. Rudi hat den Schlag zumindest angedeutet. „Dann greifen wir eben nächstes Jahr an", wird an dem Tag das erwartbare geflügelte Wort.

Gut sechs Wochen später kommt der Mandarinen-Käsekuchen frisch aus dem Ofen. Es duftet in unserer Wohnung nach süßlichem Kokos. Als ich sage, dass Rudi uns besucht, glaubt meine Mutter Barbara nicht so recht daran. Doch sie will vorbereitet sein, deckt den Tisch, backt einen Kuchen, setzt eine Kanne Kaffee auf. Um 17 Uhr will Rudi vorbeischauen. Mein Vater, zu der Zeit Kfz-Mechaniker in einem ortsansässigen Autohaus, wird kurze Zeit später Feierabend machen und sich beeilen, um schnell zu Hause zu sein. „Ich gehe schon mal raus", sage ich meiner Mutter und stapfe zur nächstgelegenen T-Kreuzung, an der er sicher vorfahren muss, wenn er das Hochhaus in Wuppertal-Katernberg, in dem wir wohnen, ansteuert. Das befindet sich in einer länglichen Sackgasse. Der etwas triste Plattenbau steht inmitten einer grünen Idylle. Eine große Wiese und ein noch größerer Wald umranden das mehrstöckige Wohnhaus mit unzähligen Parteien. Um Punkt 17 Uhr, ich hätte die Uhr danach stellen können, sehe ich Rudis Auto in die Straße einbiegen. Er ist gut gelaunt, trägt ein weißes Hemd und eine dunkelblaue Jeans. Wir setzen uns ins Wohnzimmer und plaudern miteinander, als würden wir uns schon Jahre kennen.

„Ihr seid ja richtige Laubenpieper", stichelt er mit einer umgangssprachlich-scherzhaften Bezeichnung über Besitzer einer Kleingartenparzelle, als meine Eltern ihm von ihrem sonntäglichen Hobby berichten. Unkraut jäten, Rasen mähen und in der Sonne fläzen. Die Zeit von Ostern bis Oktober will genutzt sein und hat endlich einen Sinn. Doch die kleingartenordnungsgesetzestreuen Buchsbaumliebhaber, die er aus dem Ruhrgebiet kennt, waren ihm schon immer zuwider. Zur Verteidigung meiner Familie muss ich anmerken: An alle Regeln der schachbrettförmig angeordneten Kolonie haben wir uns auch nicht immer gehalten. Leben am Limit.

„Ich weiß noch wie heute, dass ein Elefant aus der Schwebebahn in die Wupper gefallen ist", witzelt Rudi. „Das war unglaublich!" Dieses geschichtsträchtige Ereignis fand bereits 1950 statt. Als Sechsjähriger hat er davon gehört, in einer Zeit, in der er sich als Kegeljunge in der Gaststätte Vollmer am Katzenbusch ein paar Mark dazuverdient hat. Fürs Püppchenaufstellen gab es zwei bis drei Mark, die allerdings auch schnell im Geldspielautomat verschwanden. Ich hole ein altes *Arena AufSchalke*-Magazin, das ich zuletzt beim Aufräumen gefunden habe, aus meinem Zimmer. Dieses Zeitdokument hat der Verein zum Bau der neuen Spielstätte herausgegeben. Ob wir es einmal bei unserer ersten Stadiontour bekommen haben oder es anders in unsere Hände gefallen ist, kann ich nicht mehr rekonstruieren. Jedenfalls hat dieses Hochglanzmagazin Rudis ganze Aufmerksamkeit auf sich gezogen. Er blättert die Seiten durch, liest Interviewschnipsel und findet sich mit Baustellenhelm auf einem alten Schwarz-Weiß-Foto. Daraufhin berichtet er mit voller Inbrunst von seinem Herzensprojekt. Dass damals niemand dran geglaubt hat, dass keiner dem „Popelverein" dieses Mammutprojekt zugetraut hat, Schalke aber genau diesen Quantensprung verdient hat, wie stolz er aufs Ergebnis ist. Er lobt die Schalker Legende Ernst Kuzorra, vor dem er absolute Hochachtung hat. Ein ganz Großer seiner und unserer Zeit. Dann taucht er mit uns ein in die fernere Geschichte, als die Schalker in sogenannten „Kartoffelspielen" in ländlichen Gebieten angetreten sind, um überhaupt etwas zu essen zu haben. Nach Ende des Zweiten Weltkriegs tingelten Spieler über die Dörfer und spielten Freundschaftsspiele gegen Bezahlung in Naturalien. Die einfache und doch so schwere Zeit.

Wer das weiß oder sogar erlebt hat, blickt ganz anders auf den kommerziellen Fußball. Sollte Rudi auch nur einen Teil dieses atemberaubenden Vortrags in der Schalke-Kabine gehalten haben, erschließt sich mir endgültig, weshalb der Verein fast Meister geworden ist. Es kommt nicht aufs Geld an, sondern auf die Leidenschaft.

Halb entschuldigend, halb schmunzelnd packt er aus seiner Sakkoinnentasche ein braunes Lederetui aus, in dem drei Zigarren und ein Rundcutter Platz finden. „Ich muss jetzt auch hier meine Duftmarke hinterlassen." In unserem Wohnzimmer hat zuvor noch niemand geraucht. Rudi pafft daraufhin genüsslich seine Davidoff, trinkt Cola light mit Zitronengeschmack und schneidet sich genüsslich ein weiteres Kuchenstück ab. Er wirkt zufrieden, auch wenn er sich zwischendurch über seinen schmerzenden Ischiasnerv beklagt, vermutlich wie sein Vater früher. Für mich ist an diesem Nachmittag die Zeit stehengeblieben. Rudi ist seit einem Jahr nicht mehr Manager auf Schalke und könnte noch immer dem einen oder anderen Profi, der aus Unwissenheit oder Ignoranz die Schalker Tradition und den Mythos nicht begriffen hat, ordentlich auf die Sprünge helfen. Ein Kartoffelspiel hätte sein Übriges getan.

Rudis Besuch bleibt nicht unentdeckt: Nachbarn werden mich am nächsten Tag fragen, ob ich neuer Spieler bei Schalke werde. Anders können sie sich den Besuch von Rudi Assauer nicht erklären.

Weil es beim letzten Mal zumindest punktetechnisch so gut geklappt hat, schauen wir uns auch am 22. September 2007 wieder gemeinsam ein Schalke-Spiel gegen Arminia Bielefeld an, das der S04 ungefährdet mit 3:0 gewinnt. Wir sitzen am Abend in seinem Wohnzimmer und schauen die „Sportschau". Rudi frotzelt über Gladbach-Manager Max Eberl. „Guck mal. Wahnsinn, wie schnell er sprechen kann."

Richtig fesseln wird mich ein Moment im Folgejahr.

Es ist der 5. Oktober 2008, ein Heimspiel gegen den VfL Wolfsburg, in dem Kevin Kurányi zwei Tore erzielen wird, die nur zu einem 2:2-Unentschieden reichen werden. Wir sind in Rudis Loge, als auf einmal ein Mann in einem Rollstuhl hereingefahren wird. Er strahlt bis über beide Ohren. Der langjährige Mannschaftsbetreuer mit Kultstatus ist inzwischen nicht mehr gut zu Fuß. Doch hier ist er zu Hause, es ist auch sein Wohnzimmer. Es ist: Charly Neumann. Der Mann, der einst als Bäckerlehrling Ernst Kuzorra und Fritz Szepan die Brötchen brachte. Auf Schalke ist er nicht wegzudenken, eine

Institution. Auch wenn beide ihre Probleme miteinander hatten, gehen sie seit Jahren umso herzlicher miteinander um. An diesem Nachmittag legt Rudi seine Hand immer wieder auf Charlys Schulter, unterhält sich mit ihm, ist fürsorglich. Charly fährt mit seiner Gehhilfe in Richtung Logenbalkon und blickt ins Stadionrund. Er sieht glücklich aus. Das, was er sieht, ist sein Leben. Wenige Wochen später stirbt er, geschwächt von zwei Schlaganfällen. Als ich die Todesnachricht erhalte, denke ich an den glücklichen Charly und hoffe, er hat nun seinen Frieden gefunden.

Freizeichen, es klingelt mehrmals. Dann höre ich ein lautes „Hallo". Die tiefe Stimme am anderen Ende der Leitung muss sich nicht vorstellen. Schnell erkenne ich Rudi Assauer. Beim Telefonieren hat er meistens die Lippen aufeinandergepresst, um eine Zigarre zu fixieren, weswegen das „Hallo" bisweilen auch herausgepresst klingt.

„Rudi, ich schreibe eine Facharbeit in Geschichte über Schalke."

„Donnerwetter!"

„Kannst du mir helfen? Ich brauche dafür noch ein Buch. Hast du zufällig das dicke Jubiläumsbuch? ‚100 Schalker Jahre?'"

„Muss ich nachgucken. Warte."

Ich höre ihn stöbern, er liest mir einige Titel vor.

„Das müsste es sein. ‚100 Schalker Jahre, 100 Schalker Geschichten'."

„Super. Darf ich mir das ausleihen?"

„Klar, komm vorbei! Ich bin zu Hause. Bis gleich. Ciao, tschüss." Seine typische Verabschiedung.

Für den Geschichtskurs befasse ich mich seit einigen Tagen mit Schalke in der Zeit des Nationalsozialismus. Historiker Stefan Goch hat hierzu 2005 unter dem Namen „Zwischen Blau und Weiß liegt Grau" eine Studie herausgebracht. Hat der Verein, der in den 1930er-Jahren so erfolgreich war und einen Meistertitel nach dem anderen gewann, mit den Nationalsozialisten kooperiert? Die Antwort lautet: Nein, er hat sich nicht vor den Karren spannen lassen und stand den Nazis nicht nahe. Allerdings hat der Spieler Fritz Szepan von der sogenannten „Arisierung" des NS-Regimes profitiert und ein Textilgeschäft am Schalker Markt 9 von Sally Meyer und Julie Lichtmann, beide jüdischen Glaubens, deutlich unter Wert übernommen. Historische Sportliteratur habe ich bereits herausgesucht, doch ausgerechnet diese Schalke-Chronik fehlt mir noch. Mein Vater und ich machen uns von Wuppertal auf den Weg ins gut 50 Kilometer entfernte Gelsenkirchen. Es ist Sonntagnachmittag. Rudi öffnet die Tür und bittet uns ins Wohnzimmer. Dort liegt das Schalke-Buch, in dem er bis eben noch geblättert hat, auf dem Sofa. Im Fernsehen läuft gerade ein Spiel der britischen Premier League. Wenn kein Bundesligaspiel läuft, verfolgt Rudi akribisch die übrigen europäischen Topligen. So wie 1961, als er wegen eines Fußballspiels die Abendschule schmeißt, kann er auch heute keine Begegnung auslassen. Er bietet meinem Vater ein helles Weizen an. „Dann kann er ja nach Hause fahren", deutet er auf mich. „Na gut", denke ich mir. Keine Widerworte. Auch weil ich merke, dass sich mein Vater sehr über die spontane Einladung zum Fußballgucken freut. Dass ich massiven Zeitdruck habe, ahnt noch niemand. Auf der Rückfahrt wollte ich eigentlich schon im Buch einige Infos nachlesen, dann muss das eben bis abends warten. Es ist ein geselliges Beisammensein, ein paar flapsige Sprüche, Kommentare zu Spielszenen. Rudi ist gut gelaunt. Irgendwann wird es Zeit zu fahren. Schließlich wartet die Facharbeit, die in meinem Kopf in der Theorie schon ausformuliert ist, darauf, endlich geschrieben zu werden. Die Abgabe ist schon morgen. Wie immer habe ich auf den letzten Drücker angefangen und sitze nun bis spät in der Nacht am Text, zitiere so viele Passagen aus so vielen Büchern wie möglich und tauche ein in die frühen Jahre meines Herzensvereins, als Ernst Kuzorra und sein Schwager Fritz Szepan mit ihrem legendären Schalker Kreisel, einer raffinierten und damals neuen Form des Kurzpassspiels, den Ton angaben. Weit nach Mitternacht, eher um drei oder vier Uhr steht der Text und ich gehe müde, aber auch entspannt ins Bett. Wohlwissend, dass es eine kurze Nacht wird. Mein Geschichtslehrer Christoph Sänger hat die Arbeit jedenfalls gern gelesen und gut benotet. Habe ich etwa einen Nerv getroffen? Zumindest dürfte sein ausgeprägtes Interesse für die Königsblauen sicher kein Nachteil gewesen sein. Bei einem Schalke-Freundschaftsspiel im Juli 2003 gegen den Wuppertaler SV vor 7.000 Zuschauern im Remscheider Röntgen-Stadion mit Trainer Jupp Heynckes und Manager Rudi Assauer traf ich ihn zufällig in der Fankurve. Lang ist es her. Und mir ist seitdem klar: Lehrer sind auch nur Menschen. Und manche verstehen sogar etwas von Fußball.

Der Referent erklärt uns Nachwuchsjournalisten gerade, wie Radiobeiträge am besten aufgebaut und spannend erzählt werden, als ich wieder auf mein Handy blicke. In Gedanken bin ich woanders, was an einem Telefonat am Vormittag liegt. Heute ist Samstag, der 5. Dezember 2009, und am nächsten Tag werde ich 18. Eine große Party ist für den 12. Dezember geplant, morgen soll es zumindest Kaffee und Kuchen für die Familie geben. Als Rudi davon erfährt, lädt er mich ohne Umschweife ein. „Komm vorbei. Bring alle mit. Wir sind auf einem Reiterhof in Langenfeld!" Mehrmals – auch während des Seminars – telefonieren wir, um die genaue Uhrzeit abzustimmen. Abends sitzen wir zusammen an einem langen Tisch, unterhalten uns über Fußball, als Rudi die Musik so gefällt, dass er tanzen möchte. „Auf geht's", zeigt er mit einer schwungvollen Geste in Richtung feiernde Meute, die bereits „schwoft".

Es ist Mitternacht, ich bin nun volljährig und stehe mit Rudi und unzähligen Turnierreiterinnen auf der Tanzfläche. „Das kannst du keinem erzählen", denke ich mir. An den genauen Song erinnere ich mich nicht mehr, nur dass Rudi mich herzt, in den Arm nimmt und unendlich viel Spaß hat. Er grölt mit, haut mir auf die Schulter. Und ich erinnere mich an die Geschichte, als Rudi 1984 mit Olaf Thon in dessen 18. Geburtstag hineingefeiert hat.

Immer wieder telefonieren wir auch spät abends nach Champions-League- oder Europa-League-Spielen. „Ruf mich nach Abpfiff an!", bittet er mich häufig. Nach internationalen Spielen mit deutscher Beteiligung erhalte ich so exklusiv seine persönliche Analyse des Spiels. Sein Knowhow ist sicherlich auch ein Grund, weswegen ich nie Anstalten mache, etwas besser zu wissen. Vielleicht auch besser so. Als ich einmal im *DSF*-„DoPaFon" anrufe, um Schalke wieder ins Titelrennen zu quatschen, sagt Sportreporter Waldemar Hartmann, dem der damalige Nationaltrainer Rudi Völler einst – während eines Interviews nach einem Länderspiel gegen Island – in Rage unterstellte, schon mehrere Weizenbier getrunken zu haben, spöttisch: „Das ist ja schön, wenn man sich sein Schlaflied selbst singt."

Nach einem fünfwöchigen Schülerpraktikum während der Sommerferien bei dem lokalen Sender *Radio Wuppertal* konnte ich die ersten Moderationsversuche im Bürgerfunk starten. Eine simple Möglichkeit mit zahlreichen Einsteigern und bis in die Haarspitzen motivierten Radioliebhabern auf Sendung zu gehen. Bezahlt wurde die Tätigkeit sogar auch noch – die Bürgerfunk-Sendungen stammten vom Katholischen Bildungswerk und waren eine Form von subventionierter kirchlicher Öffentlichkeitsarbeit. Immer vor großen Fußballturnieren habe ich Experten zu einem Talk eingeladen und freute mich, dass vor der Fußball-WM 2010 Rudi auf Anhieb zusagte. Mit allzu großer Reichweite konnte ich zwar nicht dienen, aber das

Angebot ihn abzuholen, ein bisschen über Fußball zu quatschen und nach Hause zu fahren, hat ihn überzeugt.

Es ist Dienstag, der 11. Mai 2010. Ich stelle die Mikrofone ein, wir machen einen kleinen Soundcheck. Gleich sprechen wir über den Drittliga-Abstieg des Wuppertaler SV und über die Chancen der deutschen Fußballnationalmannschaft in Südafrika. Außerdem möchte ich von Rudi wissen: Kann der junge Nachwuchstorhüter Manuel Neuer bei dem Turnier tatsächlich die neue „Nummer eins" sein? Rudi fragt mich, ob er sich eine Zigarre anstecken dürfe. Ohne nachzudenken, antworte ich mit: „Ja, klar." In anderen Fernsehformaten habe ich ihn schließlich auch immer rauchen gesehen und mir fehlte die Fantasie, dass jemand etwas dagegen haben könnte. „Dann lüfte ich eben im Anschluss ein bisschen länger. Das passt schon", denke ich mir. Doch ich hatte die Rechnung ohne Gabriele Koch gemacht, deren Büro nur einen Meter Luftlinie und nur eine Tür weiter entfernt war. Eigentlich undenkbar, dass die Rauchschwaden sie schon erreicht haben konnten. Koch, die noch immer im Katholischen Bildungswerk arbeitet, erinnert sich gern an diese unfreiwillig komische Situation. „Ich weiß noch, dass es fürchterlich gestunken hat und ich etwas erbost die Studiotür aufgerissen und gefragt habe, ob das Rauchen eingestellt werden kann, denn es würden auf der Etage Menschen arbeiten, die der Rauch stört."

Wie konnte sie nur Rudi Assauer das Rauchen verbieten? Dem dauerrauchenden Macher, der wenige Monate zuvor in einer Talkrunde in Essen auf die Frage von *Radio Essen*-Chefredakteur Christian Pflug: „Was halten Sie vom Nichtraucherschutzgesetz?", lapidar mit: „Interessiert mich nicht!", geantwortet und nicht nur an jenem Abend die Lacher auf seiner Seite hatte. Nie wurde ihm eine Zigarre verwehrt, mit der er nach eigener Aussage eine „Duftmarke" hinterlassen wollte. Als Gabriele Koch ihm das Rauchen untersagt, reagiert er nicht harsch, nicht vorwurfsvoll, nicht verständnislos. Rudi ist lediglich erstaunt und schmunzelt, kommt aber der Bitte nach und drückt seine Zigarre aus. Er entschuldigt sich, als wäre er in der Schule beim Hausaufgabenabschreiben erwischt worden. Mit Allüren habe ich ihn nicht erlebt, die so manchem Star nachgesagt werden. „Wissen Sie nicht, wer ich bin?“, war in seinem Wortschatz nicht enthalten, zumindest nicht in meiner Gegenwart. Der Mann, der geradeaus seine Meinung gesagt und mit ihr nicht hinterm Berg gehalten hat, getreu dem geflügelten Wort „Ehrliche Menschen haben den Vorteil, dass sie sich nicht merken müssen, wem sie welche Lüge erzählt haben“, hat sich in diesem Moment – wenn überhaupt – allenfalls gedacht, dass sein Gegenüber sie nicht alle hat. „Bis dahin konnte ich mit Herrn Assauers Namen nicht viel anfangen, da ich kein großes Interesse am Fußball hatte. Durch dieses Ereignis werde ich ihn allerdings nie vergessen“, resümiert Koch heute.

Nach der Radiosendung schaut Rudi mir in die Augen und sagt: „Das hast du gut gemacht.“ Ein unerwartetes Kompliment, das mir bis heute noch viel bedeutet.

Unzählige Male bringen ihn Chauffeure von A nach B, auch ich darf mitunter mitfahren. Taxifahrern, die ihn zum Ziel bringen, begegnet er immer mit größtem Respekt. Er interessiert sich für sie. Wo leben sie? Wenn sie nicht in Deutschland geboren sind: Wo liegen ihre Wurzeln? Und natürlich geht es immer auch um Fußball. Einmal – während einer Fahrt in Italien, auf dem Weg zu Spielerverhandlungen – bittet er eine Dolmetscherin:

„Fragen Sie ihn mal: Ist er Fan von Inter oder AC Mailand?“

„Er interessiert sich nicht für Fußball.“

„La catastrofe!“

Auch nach seinem beruflichen Ende bei den Königsblauen besitzt Rudi zwei Dauerkarten für den größten Hospitalitybereich im Stadion, den „LaOla-Club“. In diesem VIP-Bereich halten sich auch Spieler nach den Begegnungen für Talkrunden und Selfies auf. Rudi ist bei nahezu jedem Heimspiel dabei. Eine gute Gelegenheit, Weggefährten und Bekannte wiederzusehen und über Fußball zu philosophieren. Zu den Spielen lässt er sich gern begleiten. So auch am 20. Oktober 2010, einem Mittwochabend. Ich parke mein Auto vor seiner Villa, wir unterhalten uns auf dem Sofa und machen uns mit seinem Auto auf den Weg zur Arena. Auf der Fahrt stimmt Rudi nachdenkliche Töne an. Ich merke, dass er auf einem Gedanken herumkaut. „Ich weiß nicht, was ich machen soll", offenbart er in dem Moment seine Gefühlswelt. Was meint er, frage ich mich. Ist gar etwas Schlimmes vorgefallen? Als mich Rudi in seine Überlegungen einweiht, bin ich erleichtert.

„Ich bin bei Borussia Dortmund eingeladen. Sie wollen mich ehren." Na also, gar nicht so tragisch. Oder vielleicht doch? Der legendäre Schalker Manager hat nach wie vor eine Verbindung zu Schwarz-Gelb. Verheimlicht hat er diese in Ruhrgebietskreisen auffällige Kombination nie. Aber will er sie jetzt so prominent in Erinnerung rufen?

„Ich weiß nicht, ob ich hingehen soll. Wie die Schalker wohl reagieren werden?"

„Na ja, Rudi. Allen kannst du es nicht recht machen."

„Nee, das sowieso nicht."

Mir gefällt der Gedanke, dass Rudi auch mehr als vier Jahre nach seinem Ausscheiden bei Schalke noch so am Klub hängt. Im Stadion setzen wir uns auf seine Stammplätze. Block III, Reihe 9, Platz 5 und 6. Wir trinken zusammen ein Bier, Raúl trifft doppelt und Schalke gewinnt mit 3:1 gegen Hapoel Tel Aviv. Einen Monat später steht die besagte Ehrung an. Der Saal applaudiert anerkennend. Rudi ist inzwischen 40 Jahre Mitglied beim BVB, dem Schalker Erzfeind und gleichzeitig dem Verein, mit dem er als 22-Jähriger einen europäischen Triumph erzielen konnte. Doch während unzählige weitere Jubilare auf der Bühne stehen und sich voller Stolz fotografieren lassen, fehlt Rudi. Die große Bühne sucht er nicht mehr. Ich denke mir: Auch wenn ihm die Schwarz-Gelben ebenfalls am Herzen liegen, vielleicht war die Entscheidung besser für seinen Seelenfrieden.

Während unserer Autofahrten vertraut Rudi mir vieles an. Er erzählt, wann er das nächste Mal auf Sylt Urlaub macht. Dass er mit Trainer-Legende Volker Finke weiterhin Kontakt hat und über Spielervermittlungen spricht. Und welche Projekte als Nächste anstehen. „Ich werde Sänger", bricht es mit einer Form von Erstaunen aus ihm heraus. Er hätte auch schon mit Jürgen Drews gesprochen. Diese Information macht mich erst recht neugierig. Rudi hat doch tatsächlich mit zwei Hobbymusikern ein Lied aufgenommen und wird es bald auf Zeche Hugo der Öffentlichkeit präsentieren. Der Titel: „Wenn der Schnee schmilzt, siehst du, wo die Kacke liegt".

Unser Verhältnis ist so eng, dass ich ihn als Ersten anrufe, als meine erste Freundin sich unerwartet von mir trennt. Schon als sie nach dem ersten Monat eine „Beziehungspause" einlegen wollte, hat er energisch abgewunken. „Kann nix sein!"

Er hatte wie so oft den richtigen Riecher. Jetzt hat Rudi ein offenes Ohr, muntert mich auf. Auch weil er weiß, dass Teenager noch nicht auf der Suche nach der großen Liebe sind.

Zu meinem 20. Geburtstag am 6. Dezember 2011 schaut Rudi persönlich vorbei, inzwischen wohne ich fürs Studium in Herten. Wir essen Kekse, trinken Kaffee, hören im Radio, dass Borussia Dortmund in der Champions League kurz vor Schluss einen Gegentreffer kassiert und mit 2:3 gegen Olympique Marseille verliert. Er hat ein Geschenk mitgebracht: das Buch „Vom Traum zum Triumph: Wie der Pott in den Pott kam".

Auf die erste Seite schreibt er eine Widmung:

Für Carsten zum Geburtstag. Alles Gute für die weitere Zukunft.
Dein Freund
Rudi Assauer.

KEINE KONTROLLE MEHR

Er sitzt gelassen auf dem Sofa. Grauer Cardigan mit feinen Fasern und großen dunkelbraunen Knöpfen, darunter ein weißes Hemd, dunkelblaue Jeans. Zielstrebig greift er zu einer Zigarre. Es ist eine Davidoff Grand Cru No. 3, seine Lieblingszigarre. Er hält sie in der linken Hand, stanzt das Ende mit einem Rundcutter aus und steckt sie an. Rauch steigt empor. Er zieht an der Zigarre, sie glüht, es knistert. Auf der weiß-goldenen Banderole ist sein Name eingraviert: Rudi Assauer. Er sieht fit und erholt aus. Der Händedruck ist fest, er lächelt freundlich und bietet einen Platz neben sich an. Es werden noch einige Wochen vergehen, bis die Öffentlichkeit von seiner Erkrankung erfährt. Rudi Assauer hat Alzheimer.

Es ist der 4. Januar 2012, ein eisigkalter Mittwoch. Rudi Assauer lebt mittlerweile bei seiner Tochter Bettina Michel. „Unser Verhältnis war eine Berg- und Talfahrt, Grauzonen gab es nicht. Entweder Stirn an Stirn oder Arm in Arm", sagt sie über die ersten Jahre, als sie ihren Vater mit 17 erst so richtig kennengelernt hat. Doch später gibt sie ihm das Versprechen, ihn zu pflegen, wenn es einmal so weit sein sollte. „Betty" wohnt noch immer in Herten. Sie hat die Stadt nie ganz verlassen und ihr Vater ist jetzt wieder da, wo seine Karriere angefangen hat. An diesem Nachmittag lächelt er viel, ist zu Scherzen aufgelegt und gibt seiner Tochter schlagfertige Antworten. Auf die Bemerkung: „Du weiß ja, wo die Cola steht. Könntest sie dir selbst holen, Papa!", antwortet er nur: „Könnte ich!" Äußerlich ist dem früheren Fußballmanager die heimtückische Krankheit nicht anzusehen und auch nicht anzumerken. Bei einem Thema fangen seine Augen an zu blitzen: Schalke. Dann ist er wieder der Alte. Er lässt es sich nicht nehmen, die Schalker Heimspiele in seiner Arena zu besuchen. „Es ist ja ein schönes Stadion", sagt er ganz bescheiden. Doch es ist vielmehr: sein Lebenswerk.

Rudi Assauer ist zu dem Zeitpunkt einer von 1,3 Millionen Alzheimer-Patienten in Deutschland. Mittlerweile ist die häufigste Form der Demenz zu einer Volkskrankheit geworden. Es treten Probleme mit dem Kurzzeitgedächtnis und Konzentrationsschwierigkeiten auf bis hin zu Veränderungen der Persönlichkeit. In einem schleichenden Prozess vergessen die Erkrankten immer mehr, irgendwann sich selbst. Das Gehirn formatiert von hinten, am Ende bleiben oft nur noch Kindheitserinnerungen. Wie man Alzheimer vorbeugen oder richtig therapieren kann, ist bis heute nicht erforscht.

Assauer verfolgt an jenem Abend aufmerksam die Nachrichten. Er möchte am Ball bleiben und informiert sein, was in der Welt passiert. Im Gespräch stellt er viele Fragen und lässt sich gerne Witze vorlesen, am liebsten Ostfriesenwitze. Er hat einen guten Tag. Es gibt auch traurige Momente oder Tage, an denen ihn seine Erinnerungen verlassen. Der Macher von früher will auch in diesem Fall selbst bestimmen, wann alle von seiner Krankheit erfahren.

Er und seine Tochter nennen sich liebevoll Herr und Frau „Schnittenfittich". Immer wieder erlebe ich, wie eingespielt sie als Team sind und wie aufopferungsvoll sie sich um Rudi kümmert. Betty erklärt ihm ausführlich seine nächsten Termine: Interview mit dem *Stern*, Telefonkonferenzen, Verkauf seiner Villa und sein Auftritt bei „Volle Kanne". „In acht Wochen ist alles vorbei", sagt sie und Rudi nickt erleichtert. Am nächsten Tag möchte er Uli Hoeneß zum 60. Geburtstag gratulieren.

30. Januar 2012. Ein Montagabend. Kurz nach 20 Uhr. Ich sitze in meiner Hertener Wohnung, bereite mich auf eine Bachelor-Klausur vor und öffne auf dem Handy – vermutlich, um Ablenkung zu suchen – die Startseite der *Bild*-Zeitung. Vielleicht gibt es ja etwas Neues, irgendeine Nachricht aus

der Bundesliga. Das Transferfenster, die bekannte Winterperiode für Vereinswechsel, endet schließlich am nächsten Abend. Ganz oben springt mich eine Meldung an, die in erster Linie auch mit Fußball zu tun hat, allerdings geht es jetzt um sein Schicksal. Ich sehe das Gesicht von Rudi Assauer. Sein Markenzeichen, die Davidoff-Zigarre, im Mundwinkel. Er wird umrandet von großen Buchstaben:

„FUSSBALL-LEGENDE SCHWER KRANK – Alzheimer! Große Sorge um Rudi Assauer (67)"

Für einen Moment bin ich regungslos. Mir kommen die Tränen. Die Nachricht macht früher als geplant die Runde. Auf einmal weiß es ganz Deutschland. Ich öffne geistesgegenwärtig das Telefonbuch und wähle die Nummer von Rudis Tochter Bettina. Eine reflexartige Handlung. Vor gut drei Wochen habe ich Rudi ja noch besucht, mit ihm auf dem Sofa gesessen, über Bundespräsident Christian Wulff gesprochen, der sich zu diesem Zeitpunkt einem medialen Kreuzverhör über seinen Mallorca-Urlaub stellen musste.

„Der Wulff ist ja mächtig in der Kritik."

Rudi entgegnet: „Ja, schon seit paar Wochen!"

Er hat die Nachrichten aufmerksam verfolgt, weiß Einzelheiten, ist hellwach und reaktionsschnell im Gespräch.

„Es tut mir so leid, Rudi."

„Nein, muss es nicht. Jetzt ist es endlich raus. Alzheimer!"

Ein klarer Satz, deutlich und unmissverständlich. Seiner Stimme merke ich die Erleichterung an. „Jetzt ist es endlich raus." Man mag sich gar nicht vorstellen, was es heißen muss, diese niederschmetternde Diagnose über viele Monate und ganze Jahre geheim zu halten. Ein wahnsinniger Kraftakt.

Mitleid möchte er nicht hören. „Da kann man nichts machen. So ist das Leben."

Bereits während seiner Zeit als Manager fällt seinem Umfeld auf: In einer gewissen Regelmäßigkeit, meistens zur Mitte eines Jahres hin, gibt es ein paar Wochen, in denen Assauer angespannt, kurzsilbig, fast unausstehlich ist. Als Ursache identifizieren sie eine bestimmte Untersuchung, die ansteht. Sobald diese gelaufen ist, wirkt er deutlich entspannter und gelöster. Mit dem Wissen von heute kann vermutet werden, dass sich Assauer aufgrund seiner familiären Disposition jährlich untersuchen ließ, um sicherzugehen, dass keine demenziellen Symptome erkennbar sind. Selbst engen Freunden wie Huub Stevens vertraut er sich in dieser Hinsicht nicht an. Spätestens 2006 erhält er die erste Diagnose, im Jahr seiner Entlassung bei Schalke. Darüber verliert er aber kein Wort. Hier ist erneut ein wiederkehrendes Muster erkennbar, das sein Handeln und seine Haltung bestimmt. Er akzeptiert keine Krankheiten, kein Gebrechen, keinen Kontrollverlust. Er scheut den Umgang mit dieser Thematik. So wie er die Verdrängungstaktik bei seinen Familienangehörigen angewandt hat, adaptiert er sie auch für sich selbst. Das körperliche Leid seines Vaters Franz, die Demenzerkrankungen seiner Mutter Else oder seines Bruders Lothar. Auch wenn diese Menschen ihm viel bedeutet haben, möchte er mit ihrem geistigen und körperlichen Verfall nichts zu tun haben. Ein striktes Tabu, das er sich über Jahrzehnte selbst auferlegt und konsequent umgesetzt hat. Erst viele Jahre später entschließt er sich in Absprache mit seinem Umfeld, seine eigene Erkrankung aus der Tabuzone zu holen.

Seinem Dortmunder Managerkollegen Michael Meier fallen zu der Zeit Verhaltensmuster auf, die er erst mit zeitlichem Abstand einordnen kann: „Vor seiner Demission bei Schalke war er auch schon gezeichnet durch seine Krankheit.“ Dass Assauer krank ist, weiß jedoch niemand. Nur, dass etwas mit ihm nicht stimmt und der aufgeräumte, gut strukturierte, organisierte Fußballfunktionär häufiger unkonzentriert ist. Viele vermuten und erzählen sich hinter vorgehaltener Hand, dass Erinnerungslücken auftreten, wenn Assauer Alkohol trinkt.

Im Februar 2010 lernt er auf einer Aftershow-Party der „Miss Germany"-Wahl, der er als Jurymitglied beigewohnt hat, im Europapark Rust Britta Idrizi kennen. Die 21 Jahre jüngere Frau arbeitet zu dem Zeitpunkt als kaufmännische Angestellte in einem Funkhaus in Freiburg. Sie verlieben sich, Britta zieht mit ihren beiden Hunden und vier Meerschweinchen in sein Haus ein.

Kurz bevor ich im Spätherbst 2010 beim Schalker Fanclub-Verband eine zweite Stehplatzkarte für das Derby gegen Borussia Dortmund abhole, rufe ich unterwegs Rudi an.

„Ich bin gleich in Gelsenkirchen."

„Komm vorbei! Ein Stündchen hätte ich. Aber ich habe gleich noch einen Termin."

An seinem Haus angekommen öffnet er mir wie gewohnt elegant die Tür und führt mich ins Arbeitszimmer. Auf seinem Schreibtisch liegt ein großes Fotoalbum. Zwei Ziffern sind auf der Vorderseite nicht zu übersehen: „60". Es sind zusammengestellte Fotos seines prall gefüllten Lebens. Familienfotos, Schnappschüsse, Erinnerungen. Fast träumend gleitet er in die Tiefen des Buches ab, mustert Gesichter und Momente. Unsere Unterhaltungspause wird von einem grübelnden „Wer ist denn das?" unterbrochen. Rudi zeigt auf eine mir namentlich bekannte weibliche Person. Mein erster Reflex: Er macht nur einen Scherz. So ist eben der Macho Assauer. Ich haue ihm auf die Schulter und wir beide lachen. Er blättert weiter. Erst viel später leuchtet mir ein: Er wusste es vermutlich wirklich nicht. Es war kein lustiger Ausspruch, wenngleich er sich vermehrt in Ironie flüchten kann, um Fehler zu verdecken. Zerbröselnde Erinnerungen bei klarem Verstand, der verzweifelte Versuch, sich an sie zu klammern. Sich gegen die eigene mentale Kraftlosigkeit nicht wehren können. Es müssen unvorstellbar grausame Gefühle sein. Fast beiläufig fällt mir auf, dass zu der Zeit, in der er den nächsten Termin angekündigt hat, im Kalender gar keine Verabredung eingetragen ist. Doch das tue ich an diesem Tag gedanklich mit „Er hat vielleicht den Tag vertauscht" ab.

Als Alexander Baumjohann nach Stationen in Mönchengladbach und Bayern nach Schalke zurückkehrt, steht er auch beim geschichtsträchtigen 5:2-Auswärtssieg gegen Inter Mailand im Champions-League-Viertelfinale mit Raúl, Benedikt Höwedes und Manuel Neuer auf dem Platz. Er sieht in dieser Phase Rudi Assauer wieder, doch die Treffen verlaufen anders. Inzwischen wird Assauer von seiner Krankheit beherrscht. „Ich hätte mich gern als älterer, gestandener Spieler noch einmal länger mit ihm ausgetauscht. Ich hätte über so viele Dinge gern mit ihm gesprochen. Leider konnte ich es dann nicht mehr. Er hat sich wirklich fast gar nicht mehr an mich erinnert. Das tat schon weh."

Im Rittersaal von Schloss Horst findet am 19. April 2011 eine geheime Hochzeit statt. Britta wird Rudis Ehefrau, lediglich ihre Hunde Connor und Leon sind bei der Zeremonie dabei. Selbst Zwillingsschwester Karin erfährt erst am späten Abend, kurz vorm Zubettgehen, dass ihr Bruder bereits mittags um zwölf Uhr zum zweiten Mal standesamtlich geheiratet hat. Weil auch die Medien überrascht sind, müssen Hochzeitsfotos im Garten nachgestellt werden. Im Dezember kommt es zur Trennung, die Scheidung wird vorbereitet. Seinem nächsten Umfeld soll er gesagt haben, dass er nicht mehr mit ihr zusammenleben möchte. Er untermauert die Trennung im Interview mit dem *ZDF*: „Britta war nicht mehr die, die sie war, als sie gekommen ist. War bisschen schwierig die ganze Situation. Es hat nicht mehr funktioniert. Wir waren unterschiedlicher Meinung mit gewissen Dingen. Dementsprechend habe ich dann auch gesagt: Es hat keinen Zweck mehr, es lohnt sich nicht, es bringt nichts." Hat er Monate zuvor die Tragweite einer Vermählung nicht mehr einschätzen können? Hängt sein Jawort möglicherweise mit seiner fortschreitenden Erkrankung zusammen? Fragen, die sich viele Weggefährten bis heute stellen. Später bestätigt jedenfalls das Oberlandesgericht Hamm die Scheidung, die Britta Assauer bis heute nicht anerkennen möchte.

ZDF-Redakteurin Stephanie Schmidt begleitet Rudi fast ein Jahr lang und dokumentiert seine tiefgründigen Gedanken, seine schrittweise Veränderung in einer authentisch-bewegenden „37 Grad"-Dokumentation mit dem Titel „Ich will mich nicht vergessen". Eine mehr als preisverdächtige Reportage, stoßen die knapp 33 Minuten in der Folgezeit doch anhaltende wichtige gesellschaftliche Debatten an. Sabine Jansen, die damalige Geschäftsführerin der Deutschen Alzheimergesellschaft, wird daraufhin sagen: „Rudi Assauer hat dazu beigetragen, dass die Krankheit nicht mehr so ein großes Tabuthema ist und darüber gesprochen werden kann."

„Die Dreharbeiten waren ein Tanz auf dem Vulkan. Ich konnte mit niemandem darüber reden. Auch meine Kollegen beim *ZDF* wussten nichts. Ich habe immer gesagt: ‚Wir machen etwas über 50 Jahre Bundesliga'", erinnert sich Schmidt. Sie wird mit Rudi lange Interviews führen, er wird sich öffnen, manchmal nicht mehr aus dem Redefluss kommen und in anderen Momenten schweigen, in seine eigene Welt vertieft sein. Doch es gibt die ganz klaren Momente. Zur Vorbereitung liest Schmidt das Buch „Der alte König in seinem Exil", in dem der österreichische Schriftsteller Arno Geiger die Demenzerkrankung seines eigenen Vaters thematisiert und das Zusammenleben sowie die familiäre Annäherung beschreibt. „Ich habe gelernt, dass man Demenzkranke nicht korrigieren soll, da das Leben sowieso schon seine Sicherheit verloren hat. Es hat mich natürlich berührt, dass er auf ein pralles Leben zurückblicken kann und das gar nicht immer weiß. Er geht mit einer Bescheidenheit durch seine Arena, die mir die Tränen in die Augen getrieben hat."

Schmidts entscheidender Vorteil ist vermutlich, dass sie keine Sportreporterin ist, viele Spieler, viele Zusammenhänge nicht kennt.

„Wir standen vor einem Bild und ich wusste wieder nicht, wie der Spieler hieß. Und er auch nicht. Da hat er gesagt: ‚Frau Schmidt, es ist schön, dass Sie es auch nicht wissen.' Und wir mussten beide sehr lachen. Ich fand seinen Humor besonders und glaube wirklich, dass es ihm geholfen hat, dass ich all das nicht kannte, ihn auch nicht bewertet habe. Wenn er mir erzählt hat, er holt einen besonderen Wein, weil er einen neuen Spieler verpflichtet hat, habe ich mich mit ihm gefreut. Mich hat auch wirklich sehr bewegt, dass er immer eine andere Person wurde, wenn er seinen Anzug anzog. Es war wie ein Gerüst für ihn, er gewann an Statur und Sicherheit."

Auch wenn Erinnerungen brüchig werden, als würde man einem Puzzle einzelne Teile entnehmen, sind die penible Äußerlichkeit und eine gewisse Eitelkeit weiterhin fest verankert. Als jemand, der gern etwas dargestellt hat, der beim Betreten eines Raumes selbigen gefüllt hat, bleibt sein Wunsch nach einer feinen Optik. Sein Anzug, den er aus Überzeugung getragen hat, ist so gesehen ein äußerliches Sinnbild für seine Innerlichkeit.

Rudis Humor ist ansteckend, gerade wenn er in alten Fotoalben stöbert oder einen Zeitungsartikel über sich findet.

„Als er zum Beispiel aus einer Kiste eine alte *Bild*-Zeitung zieht, in der steht: ‚Assi kapert Flugzeug', hellt sich sein Gesicht auf und er sagt: ‚Das weiß ich noch wie gestern', und dann erzählt er minutenlang und man merkt, wie erleichtert er plötzlich ist, dass er das in dem Moment schafft."

Als Manager des SV Werder Bremen griff Rudi am 20. Oktober 1978 eigenmächtig in den Flugverkehr ein. Ein Freitag, an dem es besonders neblig ist und die Boeing 737 eine Schleife drehen muss, weil eine Landung in Frankfurt wegen der Sichtverhältnisse unmöglich ist. Möglicherweise kommt ihm entgegen, dass Pilot Bonnert selbst Fußballfan ist. Als er den Artikel sieht, beginnt er sofort zu lesen, strahlt und zitiert aus dem Bericht: „‚Captain', sagt Assauer. ‚Sie müssen uns helfen. Wir müssen unbedingt nach Bremen, weil wir das schwere Spiel gegen Braunschweig haben. Können Sie uns nicht direkt nach Hause fliegen?' Um 8:59 Uhr schließlich die Borddurchsage: ‚Das ist ein Ausnahmefall. Ich bitte die anderen Gäste um Verständnis.' Assauer spendierte für alle Fluggäste ein Fläschchen Sekt."

„Bei unserem Dreh auf Schalke habe ich ihn gefragt, ob er nicht wahnsinnig stolz sei, dass er das hier alles geschaffen hat. Er hat mich angeschaut und gefragt: ‚Ich?! Ich habe doch nichts damit zu tun!' Ehrlich gesagt kann ich nicht wirklich einschätzen, ob er mich verkohlt hat oder ob er es schon nicht mehr wusste. Wir haben dann beide gelacht und das Spiel geschaut. Ich glaube, die Enttabuisierung von Alzheimer hat er erst mit unserem Film ausgelöst und in Gang gesetzt. Das ist wohl sein größtes Werk für unsere Gesellschaft. Leider wird er es selbst nicht mehr bewusst wahrgenommen haben, aber weil er ein kluger Mann war, hatte er genau dieses Ziel."

Seinen letzten Fernsehauftritt absolviert Rudi am 3. Februar 2012 in der *ZDF*-Morgensendung „Volle Kanne" mit Moderator Ingo Nommsen. „Man muss durch", sagt er, als er gefragt wird, wie es ihm geht. Kurze, verständliche, klare Sätze. Im Gästeraum trifft er Schmidt wieder. Er hat ihre Dokumentation bereits gesehen.

„Rudi Assauer hat mir gesagt: ‚Das haben Sie gut gemacht.' Und dass er das genau so wollte. Wichtig war für ihn, dass er alles selbst bestimmen konnte und er die Zügel in der Hand hatte und selbst über seine Krankheit reden konnte. Das hat er alles geschafft."

Das Schicksal schlägt auch bei Bruce Willis zu, Rudis unschlagbarem Kompagnon in der gemeinsamen Bierwerbung.

An Filmsets hat er immer mehr Schwierigkeiten, sich Texte zu merken, benötigt Unterstützung, verliert irgendwann seine Sprache. Vor einem Jahr gibt seine Familie eine Erklärung ab: Der 69-Jährige leidet an frontotemporaler Demenz.

Es gibt Momente, in denen man sein Handy öffnet und nichts ist wie vorher. Die Zeit bleibt stehen. So ein Tag ist der 6. Februar 2019. Karin weicht ihrem Bruder Rudi in seinen letzten Stunden nicht von der Seite. Sie hält seine Hand. Er öffnet noch einmal seine Augen, bevor er sie für immer schließt. Karin hat ihre Großmutter, Mutter, beide Brüder und ihren zweiten Mann an die heimtückische Krankheit Demenz verloren. „Ich denke immer, das kann alles nicht wahr sein."

Mit meiner Partnerin Gina will ich mich eigentlich jeden Moment auf den Weg nach Gelsenkirchen machen. Doch gerade ist Rudi gestorben. Schalke spielt im DFB-Pokal gegen Fortuna Düsseldorf. Ich bin wie paralysiert, kann es nicht glauben. Der Mensch, der mich mein halbes Leben begleitet und wie selbstverständlich immer da war, ist tot. Doch langsam dämmert es mir: Nirgendwo kann ich Rudi jetzt so nah sein wie in seiner Arena. Im Auto kreisen die Gedanken, ich sehe mir gemeinsame Fotos an. Die Arena habe ich noch nie so schweigsam erlebt. Es läuft keine Musik und alles fühlt sich an wie in Watte gepackt. Schalke gewinnt 4:1 und hinter dem Tor hängt ein Banner mit der Aufschrift: „Legenden sterben nie".

Dieser Sieg hätte ihm gefallen.

Schauspielerin und Moderatorin Sophia Thomalla, die ihre komplette Jugend mit Rudi Assauer zusammenlebt, postet nach seinem Tod berührende Zeilen. „Meine Leidenschaft für den Fußball, meine Vorliebe für Bier. Harte Schale, aber dennoch weicher Kern. Nicht leicht unterzukriegen, hart im Nehmen und ehrlich bis auf die Knochen. Jetzt weiß ich es: Den Mittelfinger, den ich ständig zeige, habe ich von ihm."

Den Schmerz, der das gesamte Stadion gefüllt hat, gab es so noch nie. Und ihn wird es vermutlich nie mehr geben.

„Rudi war ein Junge aus dem Leben, einer aus dem Pott. Er fehlt uns", bedauert Ralf Moeller.

Ich nehme in der entweihten Hertener Kirche unweit der „Ruhestätte Natur" Platz. Ein freier Trauerredner, Bettina Michel und Huub Stevens sprechen liebevolle, emotionale, persönliche Worte, sie schauen zwischendurch auf ihre Zettel und sprechen doch aus ihren Herzen. Vorne steht Rudis Urne, auf der sein Konterfei aufgedruckt ist:

„Rudi Assauer – Macher, Mensch, Legende"

Es ist still, wir alle halten inne, darunter auch Reiner Calmund und Klaus Berster. Aus den Lautsprechern ertönt eine leise Melodie. Eine sonore Männerstimme beginnt zu singen. Es ist Udo Jürgens' Lied „Ich würd es wieder tun". Jede Zeile schnappe ich auf, sie brennen sich ein, bleiben abgespeichert. Selten, vielleicht auch nie hat ein Lied so unzweifelhaft zu Rudi gepasst.

Von Zeit zu Zeit werf ich den Blick
Auf meinen bunten Weg zurück
Auf das, was war – und dabei wird mir klar
Ich würd es wieder tun, ich würd es wieder tun

Die Berg- und Talfahrt durch die Zeit
Selbst alles das, was ich bereut
An dem ich hing – und das in Brüche ging
Ich würd es wieder tun, ich würd es wieder tun

Ich hab mir oft den Mund verbrannt
Hab das, was dumm war, dumm genannt

Und nicht bedacht, dass man sich Feinde macht
Ich würd es wieder tun, ich würd es wieder tun
Der unbescheidene Größenwahn
Den manchmal man nicht bremsen kann
Das falsche Wort, am völlig falschen Ort
Ich würd es wieder tun, ich würd es wieder tun

Rudi war mit sich selbst im Reinen, insofern wirkt es so, als würden die Strophen aus seinem tiefsten Inneren kommen. Ein beeindruckendes Leben, das so viel Tempo in sich trug, dass ich bis heute staunend und fassungslos zugleich darüber nachdenke, dass er nur 74 Jahre alt geworden ist und ihm ein gesundes Älterwerden verwehrt blieb. Er hat gelebt, genossen, Fehler gemacht, aber immer nach vorne geschaut. Bei der offiziellen Trauerfeier in der Propsteikirche St. Urbanus in Gelsenkirchen-Buer, an der auch Uli Hoeneß, Hans-Joachim „Aki" Watzke, Armin Laschet und die gesamte Schalker Mannschaft mit Trainer Domenico Tedesco teilnehmen, ertönt über die Lautsprecher Lars-Oliver Rühls herzerwärmendes Lied aus dem Schalke-Musical „111 Jahre FC Schalke 04":

Solange ich lebe, wird Blau-Weiß meine Farbe sein.
Wie im Rausche erster Liebe und Glück,
komm ich immer wieder zurück.
Und am Samstag wird steinernes Grau
zum strahlenden Königsblau.

In der vierten oder fünften Reihe entdecke ich Reporter „Rollo" Fuhrmann. Es rührt mich, dass auch er Assauers Trauerfeier besucht. „Ich hatte das Gefühl, ihm etwas schuldig zu sein. Schalke hat seit 1958 keine Meisterschaft geholt. Wenn sie irgendwann die Schale kriegen, habe ich versprochen, dass ich sie für Rudi Assauer mit in den Himmel nehme."

Rudi hat im Laufe seines Lebens mehrere Testamente aufgesetzt und die Namen der Erbinnen verändert. Seit Jahren gibt es einen höchst medienwirksamen Rechtsstreit zwischen Rudis Töchtern Katy Assauer und Bettina Michel. Im Mai 2024 hat das Oberlandesgericht Hamm entschieden, dass beide Töchter zu gleichen Teilen erben.

Hintergrund der Auseinandersetzung ist die Frage, welches Testament Gültigkeit hat, wie viel Geld er bei seinem Tod besessen hat und wem dieses Geld zusteht. Außerdem befassen sich Gerichte mit der Generalvollmacht, die er 2012 seiner Sekretärin Sabine Söldner und einem befreundeten Schönheitschirurgen, Heinz Bull, der inzwischen selbst an Demenz leidet, ausgestellt hat. Um mehr über die Vermögensverhältnisse herauszufinden, wurden nach Vollstreckungsbescheiden für Ordnungsgelder sogar Haftbefehle erlassen beziehungsweise beantragt, die Söldner und Michel zu einer detaillierten Auskunft zwangen. Weil es „aktuell laufende zivilrechtliche und strafrechtliche Verfahren" gibt, können und dürfen sich auf Anfrage weder Katy Assauer noch Bettina Michel oder Sabine Söldner zur rechtlichen Situation äußern.

Nichts können wir dagegen tun, dass bestimmte Erlebnisse irgendwann nicht mehr so präsent sind, dass sie wie Sand durch unsere Finger gleiten, der Gedanke daran vielleicht verblasst. Der unaufhaltsame Lauf der Zeit. Deswegen ist es hilfreich und schön zugleich, seine bedeutendsten Erinnerungen aufschreiben zu können, sie auf diese Weise auf ewig zu konservieren.

Immer, wenn ich mir jetzt ab und an eine Davidoff Grand Cru No. 3 gönne, denke ich an Rudi, unsere gemeinsamen Erlebnisse.

EPILOG

„Von wem sind denn diese roten Rosen? Hast du einen heimlichen Verehrer?“

Rudi Assauer war mit allen Wassern gewaschen. Dass die Blumen heimlich von ihm bestellt worden waren und er nur zum eigenen Vergnügen sehen wollte, wie überrascht oder schamrot seine Mitarbeiterin auf die unerwartete Blumenlieferung vor versammelter Mannschaft reagieren würde, zeigt den originellen Assauer-Humor. Außerdem war „neugierig“ sein zweiter Vorname. Vielleicht hätte er bei der Gelegenheit erfahren, wem sie diese Geste am ehesten zutraut und wer ihr neulich schon mal anonym Blumen geschickt hat. Und ganz zufällig hätte er hier vielleicht noch ein Techtelmechtel unter Mitarbeitern aufgedeckt? Aufgeflogen ist die Geheimaktion unglücklicherweise nur, weil er die Rechnung des Blumenlieferanten an die geschäftliche Adresse schicken ließ und seine Sekretärin die Post mitgelesen hat.

Dass er sich neben dem Tagesgeschäft überhaupt mit solchen Fragen beschäftigen konnte, zeigt, wie Assauer tickte. Ihm war die Arbeit wichtig, aber an gleich hoher Stelle standen die zwischenmenschlichen Beziehungen. Jede beteiligte Person war ein Baustein des Gesamtkonstrukts Schalke und wurde gleichwertig behandelt, weil ansonsten das Gesamtkonstrukt ins Ungleichgewicht geraten wäre.

Assauer war ein Fels in der Brandung. Sensibel, aufmerksam und gleichzeitig unkaputtbar, offensiv, streitbar. Er stand wie kein Zweiter für das Machobild der 1990er- und 2000er-Jahre. Gern selbst inszeniert, gern auch von außen an ihn herangetragen. Auch wenn ihm Nahestehende die Diskrepanz der öffentlichen und privaten Person erkannt haben. Eine Paraderolle, die er mit Leib und Seele ausgefüllt und genossen hat. Wenn ihm eins herzlich egal war, dann die Frage, was andere über ihn dachten.

So tough und resistent, wie er im beruflichen Umfeld auftrat, war er privat nicht immer, gerade nicht bei familiären Dissonanzen. Eine sportliche Talfahrt war eine „Seuche", die ihm „mächtig auf den Pinn" ging. Die Bierkiste tragende Simone Thomalla neben einem rauchenden Rudi Assauer, garniert mit Machosprüchen wie „Hol mir mal ein Bier" zogen unzweifelhaft die ungeteilte Aufmerksamkeit des Publikums auf sich. Selbst Nicht-Fußballfans wurde Assauer schlagartig ein Begriff. Ob er als Werbegesicht und Manager in der heutigen Zeit, in der Sprachsensibilität eine viel größere Rolle einnimmt, genauso viel Erfolg hätte, kann durchaus diskutiert werden. Sprache und der Umgang miteinander entwickeln sich weiter. Allerdings, dafür sprechen viele Anhaltspunkte, wollte er mit seinen Aussagen niemanden verletzen. „Du Arsch" war in seinem Sprachgebrauch ein anerkennendes Kompliment. Gleichwohl konnte er sich sicher sein, dass die Platte, die er gespielt hat, immer gern gehört und auch verlangt wurde. Darüber hinaus darf die Frage erlaubt sein, ob man heutzutage einen Assauer, der das offene Wort geliebt und immer Kontra vertragen konnte, überhaupt noch zugelassen hätte.

Vielleicht hätte er sich sogar gewandelt und in dieser Hinsicht weiterentwickelt. Vielleicht hätte er exakt das kinderleicht angewandt: mit der Zeit zu gehen. Schließlich hat er sich im zweiten Anlauf nach seiner Rückkehr zu Schalke ebenfalls gewandelt und die angebrachte Kritik verstanden. Er hat sein Verhalten angepasst, war nicht mehr unnahbar, sondern kumpelhafter. Die vierjährige Fußballauszeit in Norddeutschland, in der er gelassener, feinfühliger, entspannter und aufmerksamer war, schien ihre Früchte zu tragen. Seinen unabdingbaren Schutzschild hat er bisweilen abgelegt, um zu beweisen: Ich bin einer von euch. Er hat sich Worte zu

Herzen genommen und war nicht nachtragend, weil er sich weiterentwickeln wollte. „Ich glaube, dass Rudi Assauer mit dem neuen Stadion auf dem Weg war, so wie es in Nordrhein-Westfalen auch sein muss, einen Strukturwandel durchzuführen", sagt Kultreporter Rolf Fuhrmann. Einerseits war er der herausragende Visionär, andererseits der einfache Malocher, der sich nicht zu schade war, seine Hände schmutzig zu machen. Auf Kohle geboren. Dinge anpacken und umsetzen, statt schön blumig über sie zu sprechen.

Die Art des Dialogs mit Spielern war oft hart und rau. Gleichzeitig konnten Gesprächspartner sichergehen, dass Assauer es so meint, wie er es sagt. Und zwar eins zu eins. Er war kein Taktiker, kein Opportunist, der sich aus Nützlichkeitserwägungen schnell und bedenkenlos der jeweils gegebenen Lage anpasste. In seinen Sprachgebrauch übersetzt bedeutete das: Er war kein Fähnchen im Wind. Und mit Gegenwind konnte er bestens umgehen, auch wenn Fans aufgebracht waren, Scheiben eingeschlagen wurden oder sogar Polizeischutz notwendig war.

Groß geworden in einer Gegend, die zu mehr als zwei Dritteln vom Bergbau gelebt hat, identifizierte sich Assauer als Malocher. In der Nachkriegszeit wurde den Kindern nichts anderes als Fleiß in die Wiege gelegt. Sich als Kegeljunge bis hin zum erfolgreichen Manager entwickeln zu können, ist kein Zufall. Im Fußball ist so mancher Spielzug oder so manches Tor Glückssache, doch die Akribie, mit der Assauer und Stevens an ihr Projekt Schalke herangehen, lässt keinen Zweifel an einem klaren Plan, der irgendwann in die Tat umgesetzt wurde. Aber auch unkonventionelle Lösungen, Provokationen, unerwartete Ideen umrandeten sein Handeln, das sein Umfeld überraschte. Der Erfolg kam nicht von ungefähr, auch wenn Assauer dafür einen hohen Preis zahlen musste. Er ging über verbale Grenzen hinweg, vor allem aber über seine eigenen gesundheitlichen. Alles, aber auch wirklich alles ordnete er seinem Beruf unter. Vielleicht war er als Manager auch so nah an der Mannschaft, weil er sich selbst trotz des Altersunterschieds als Teil von ihr begriffen hat. Auch an Sonntagen saß er von früh bis spät im Büro, tüftelte und feilte an neuen Ideen, dass er sich womöglich am Ende selbst vergessen hat. „Selfcare" und „Me-Time" hielten noch keinen Einzug ins Berufsleben. „Work-Life-Balance" erst recht nicht, die er vermutlich abgelehnt hätte. Eigentlich ein fatales Signal, dass diese wichtigen Facetten einer erfüllenden Berufstätigkeit noch nicht besprochen wurden. „Das Wort ‚mental' gab es zu meiner Zeit noch nicht, nur eine Zahnpasta, die so ähnlich hieß", verdeutlicht jedoch, dass Assauer das bewusst war. Ein „Trainer für die Birne" kam ihm nicht ins Haus. Und in einer Viertagewoche hätte Assauer sicherlich nicht so viel abarbeiten können, wie er wollte. Natürlich braucht man auch Glück bei Entscheidungen, doch zunächst muss man überhaupt den Mut aufbringen, sie zu treffen und zu ihnen zu stehen – ohne zu wissen, ob sie greifen und wirklich zum Erfolg verhelfen. Andernfalls wird man schnell verspottet.

Schalke war sein Leben. Und das 14 Stunden am Tag. Zu diesem Umstand gehörte auch, dass er mit dem von ihm gelebten und geliebten Pensum ausnahmslos immer für seine Spieler und Mitarbeiter da sein konnte. Für seine Schützlinge und Zöglinge stand die Tür immer offen. Das offene Ohr hat er nicht nur öffentlichkeitswirksam angekündigt, sondern auch in die Tat umgesetzt. Egal zu welcher Uhrzeit. Egal bei welchem Problem. Und so gehen Gespräche mit ehemaligen Spielern wie Thorsten Legat oder Thomas Gerstner unter die Haut. Sie sprechen von einem ganz anderen Menschen als dem harten Hund, der er bei Verhandlungen war. Eine ganz andere Seite, die von außen nicht einsehbar war. Einfühlsam, herzlich, großzügig, nahbar. Vielleicht war das der echte, wahre Assauer? Und weniger die Figur, die von ihm erwartet wurde und die ein zum Teil altbackenes Frauenbild symbolisierte. Einmal, als Assauer von seiner Sekretärin zum Geburtstag ein Bild geschenkt bekam, das eine aufgebrochene Walnuss mit einem roten Herzen im Inneren zeigte, wurde er ganz still, schaute sie an und sagte: „Du kennst mich, ne?“

Wenn man sich heute alte Interviews von Assauer ansieht, erkennt man eine gewisse Struktur: Er zeigte sich gern abgebrüht, sprach Klartext und war gleichzeitig vollkommen reserviert und analysierte nüchtern, ließ sich selten bis nie aus der Reserve locken. Selbst kurz nach seinem größten Erfolg als Manager, dem UEFA-Cup-Sieg 1997, strahlte er eine sachliche Abgeklärtheit aus, die ihn im Vergleich zu den folgenden Banketten und Weihnachtsfeiern eher an einen Klosterschüler erinnern ließ. Dabei versuchte Sportreporter Ecki Heuser im *SAT.1*-Interview wirklich alles, um eine emotionale Antwort aus ihm herauszukitzeln:

„Dann wollen wir mal einen Europapokalsieger zu Wort kommen lassen. Rudi Assauer, so cool oder tun Sie einfach nur so, wie immer?“

„Ich freue mich immer ein paar Tage später über solche Erfolge. Im Moment ist alles noch zu frisch.“

„Wie ist denn das Spiel an Ihnen vorbeigegangen, diese Dramatik?“

„An und für sich gelassen. Weil die Mannschaft Außergewöhnliches in diesem Jahr geschafft hat. Es war schon eine Sensation, dass wir hier in die Verlängerung gekommen sind.“

Demütig und bescheiden also lenkte der Architekt der Siegertruppe in diesem kurzen Livegespräch die Aufmerksamkeit von sich auf die Mannschaft, der man den Erfolg zu Beginn der Spielzeit sicher nicht zugetraut hätte. Es waren Charaktere, die zusammenpassten. Ausgerechnet jene Spieler zu verpflichten, die am Ende die untrennbare Einheit bildeten, und obendrein einen Trainer zu engagieren, der in der ersten Pokalrunde mit Roda Kerkrade noch unterlegen war, zeigte eine ausgeprägte Weitsicht.

Vielleicht waren die abgeklärten Äußerungen und Phrasen aber auch nur die Ruhe vor dem Sturm. Denn der folgte häufig, als er loslassen und sich vom alltäglichen Druck und der Erwartungshaltung befreien konnte.

Einen Sturm der Entrüstung gab es im Jahr 2001. Das verheißungsvolle Meisterschaftsfinale, das für Assauer in einer Tragödie endete. Ein rabenschwarzer Tag, eine blutende königsblaue Seele, ein Stich ins Herz. Er fühlte sich um den verdienten Lohn gebracht. Harte Arbeit, deren Belohnung in letzter Sekunde aus den Händen glitt. „Ab heute glaube ich nicht mehr an den Fußballgott", sagte er geknickt und voller Wut im Bauch auf der Pressekonferenz nach dem denkwürdigen letzten Spieltag der Saison und dem allerletzten Spiel im Parkstadion. „Wenn er gerecht gewesen wäre, in diesem Jahr, wäre der FC Schalke 04 Deutscher Meister geworden."

Ein weiterer Wesenszug: Er konnte leidenschaftlich sowie mit großer Intensität und Entschlossenheit beleidigt sein, schmiss Jörg Böhme gefühlt 18-mal aus der Mannschaft und versöhnte sich immer wieder. Selbst von Huub Stevens nahm er Abstand, als er das gemeinsame Boot verließ, in dem sie gemeinsam am Steuer saßen, „ghostete" ihn monatelang, wie es Neudeutsch heißt.

An dieser Stelle sei noch einmal die Frage gestattet, ob man so jemanden auch in der jetzigen Zeit zugelassen hätte. Ein Original, das es immer gut gemeint, aber nicht immer gut gemacht hat. Auffallend ist, dass selbst die härtesten Konkurrenten ihm nichts übel nahmen, gewisse Äußerungen als übliche Handlungen dieses Berufsstandes verorteten. Auch persönlich manchmal als ungerecht empfundene Entscheidungen wurden von Spielern unter dem Eindruck des großen Ganzen akzeptiert. Auch sie haben sich daraufhin in den Dienst der Sache gestellt. Kein böses Blut.

Feste Überzeugungen bestimmten Assauers Wirken, der Verein war seine Bestimmung. Doch er konnte nicht nur überzeugend sein, sondern sich genauso überzeugen lassen. Dass in der Schalke-Arena alljährlich Kunstschnee aus der Neusser Skihalle angekarrt und aufgeschüttet wird und Biathlonwettkämpfe stattfinden, für die der Verein eine eigene Skiabteilung gründen musste und sie bis heute aufrechterhält, wäre nicht zustande gekommen, wenn Assauer bei seiner ersten Ablehnung geblieben wäre. Doch er ließ den Gedanken zu und vertraute seinem Team. Nun konnte das 20-jährige Biathlonjubiläum gefeiert werden.

Schon im Dezember 1999 wurde Assauer vom *Spiegel* gefragt, wie er sich seine Zukunft vorstelle. Er wolle sich einen Kotten im Münsterland kaufen, so malte er sich einen entspannten Ruhestand aus. „Dort am Kamin mit Kumpels ein Bierchen trinken und dreimal die Woche auf Schalke fahren und gucken, wie es hier so geht." Die Erfüllung dieses Wunsches ist ihm nicht vergönnt gewesen.

Zählt man alle Aspekte zusammen, gelangt man schnell zur endgültigen Erkenntnis, dass jemand, der einen Verein so gelebt und seine Verbündeten so geliebt hat, fehlt. Mehr denn je. Als ausgezeichneter Cordhosenträger 2003 hätte er sich jetzt auch über das Comeback des Cordstoffes gefreut.

Zu seinem fünften Todestag und dem 80. Geburtstag, den er in diesem Jahr gefeiert hätte, bleiben Fragen, die jeder Weggefährte, Fan, Leser für sich beantworten kann: Was bleibt von Rudi Assauer übrig? Verblassen seine Spuren, verwischen seine Fußstapfen im Laufe der Zeit? Wird er für viele Schalke-Anhänger, Fußballfans im Speziellen und Sportfans im Allgemeinen nur noch eine Randnotiz, eine Fußnote in der langen Historie sein? Ist er für viele schon so weit weg wie Szepan und Kuzorra?

In Wirklichkeit ist die Antwort recht eindeutig: Nein. Zu spüren war das in unzähligen Gesprächen, die für dieses Buch geführt wurden. Sofortige Zusagen, Termine binnen weniger Tage, nicht mehr endende Interviews, weil sich Protagonisten immer wieder an neue Begebenheiten zurückerinnerten. Über Assauer zu reden war vielen ein Bedürfnis. Leider auch vor dem Hintergrund der aktuellen sportlichen Situation, in der sich der Zweitligist Schalke befindet. Nicht nur, weil Assauer selbst fortwährend die Erinnerung an Vereinslegende Ernst Kuzorra hochhielt, verdient er nun selbst, dass auch sein Schaffen immer wieder in Erinnerung gerufen wird.

Als der belgische Ex-Spieler Marc Wilmots am 4. Januar 2024 nach fünfwöchigen Verhandlungen als neuer Schalke-Sportdirektor präsentiert wird, veröffentlicht der Klub ein zwölfminütiges Videointerview mit dem früheren Politiker. Darin legt Wilmots seine Philosophie dar, mit der er den Verein in eine bessere Zukunft führen möchte: „Wenn ich morgens aufstehe, habe ich nur ein Ziel: gut zu sein. Die Einstellung muss da sein, alles für den Verein zu geben. Wenn du weißt, was Schalke ist, hast du schon mehr kapiert in der Birne. Wer nicht mitgeht, bekommt ein Problem mit mir."

Es folgen Sätze, die aufhorchen lassen. „Mein Büro steht immer offen und ich bin bereit für ein offenes Gespräch. Falls du ein Problem hast, kommst du rein. Die Tür muss immer offen sein, das müssen alle spüren. Es muss niemand Angst haben", sagt Wilmots. Und ergänzt: „Ich habe viel von Rudi gelernt. Sehr viel!"

Die Art und Weise zu sprechen, zu gestikulieren, Ansagen und Ankündigungen zu machen. Wilmots wirkt wie eine perfekte Mischung aus Assauer und Stevens. Disziplin und Kumpelhaftigkeit in Perfektion und Personalunion.

Dass der 55-Jährige ausgerechnet Assauer in seinem ersten Interview namentlich erwähnt, zeigt: Ein kleiner Teil von Rudi Assauer ist wohl weiterhin auf Schalke vertreten, ein Stück Macher und Mensch lebt vielleicht auf dem Berger Feld weiter. Ein schöner Gedanke.

DANK

Dass Rudi Assauer ein „Kind des Ruhrgebiets“ war, ist unumstritten. Umso schöner ist es, dass sich ein Verlag im Herzen des Ruhrgebiets derart für seine Geschichte, seinen Weg und seinen Charakter interessiert, dass er neben einem Sonderheft unter dem Titel „Danke, Rudi – Eine Schalker Legende“ aus dem Jahr 2019 nun ein eigenes Buch über ihn herausbringt.

Herzlichen Dank an den Essener Klartext Verlag für das Vertrauen, insbesondere an Verlagsleiter Achim Nöllenheidt und meinen ehemaligen Kollegen in der NRW-Landespressekonferenz, Tobias Blasius, die mich vom ersten Gespräch an darin bestärkt haben, dieses Buchprojekt umzusetzen. Um sich der Person Rudi Assauer aus allen Blickwinkeln und verschiedenen Richtungen nähern zu können, habe ich viele Gespräche mit Weggefährten, Familienmitgliedern, Fußballfunktionären, ehemaligen Spielern und Konkurrenten führen können. Vielen Dank an die vielen Menschen, die sich ausnahmslos bereitwillig und gerne die Zeit für ausführliche Interviews genommen und offen, emotional und ehrlich über ihre Verbindung zu und Anekdoten mit Rudi Assauer gesprochen haben. Mit vielen habe ich zum ersten Mal gesprochen und bin dankbar für ihren Vertrauensvorschuss, während einige meine Arbeit kannten und einschätzen konnten.

Neben einigen Hintergrundgesprächen wurden für dieses Buch interviewt (in alphabetischer Reihenfolge): Ingo Anderbrügge, Karin Assauer, Alexander Baumjohann, Klaus Berster, Jörg Böhme, Frank Bürgin, Reiner Calmund, Holger Constabel, Christoph Daum, Rolf Fuhrmann, Johann Geiermann, Klaus Herzmanatus, Stefanie Hester, Thomas Gerstner, Kathrin Kalau von Hofe, Peter Krevert, Thorsten Legat,